海南大学汉语言文学国家级一流专业建设点，海南省中国文学研究中心，
海南大学科研项目"多元文化背景下的汉语交际冲突语料库建设"资助出版

多元文化背景下的
汉语交际冲突研究

黄一丹 著

WUHAN UNIVERSITY PRESS
武汉大学出版社

图书在版编目(CIP)数据

多元文化背景下的汉语交际冲突研究/黄一丹著.—武汉：
武汉大学出版社,2024.1(2024.12 重印)
ISBN 978-7-307-23835-0

Ⅰ.多…　Ⅱ.黄…　Ⅲ.汉语—对外汉语教学—教学研究
Ⅳ.H195.3

中国国家版本馆 CIP 数据核字(2023)第 116869 号

责任编辑:白绍华　　　责任校对:鄢春梅　　　版式设计:马　佳

出版发行:**武汉大学出版社**　(430072　武昌　珞珈山)
（电子邮箱:cbs22@whu.edu.cn　网址:www.wdp.com.cn）
印刷:湖北云景数字印刷有限公司
开本:720×1000　1/16　印张:13.25　字数:190 千字　插页:1
版次:2024 年 1 月第 1 版　　2024 年 12 月第 2 次印刷
ISBN 978-7-307-23835-0　　定价:59.00 元

版权所有,不得翻印;凡购我社的图书,如有质量问题,请与当地图书销售部门联系调换。

目　　录

绪　　论

第一节　选题缘由

　　言语交际同文化、社会息息相关。萨丕尔（1985：4）在《语言论》中指出："言语这人类活动，从一个社会集体到另一个社会集体，它的差别是无限度可说的，因为它纯然是一个集体的历史遗产，是长期相沿的社会习惯的产物……言语是一种非本能的、获得的、文化的功能。"不同文化、国家的交际者，尽管在特定语境中使用汉语进行交际，但多元化的价值取向、社会规范、文化定势、表达习惯、思维方式、知识储备等会给言语交际带来不确定性，交际者若不增强跨文化交际意识，树立文化间性理念，掌握多元文化交际策略，极易引发多元文化背景下汉语交际冲突。

　　文化是语言的内涵，语言是文化的表现。交际是人们生产以及保存自身文化的必由之路。文化通过交际被传承以及保存。萨丕尔（1985：196）指出："语言的内容，不用说，是和文化有密切联系的。"皮尔斯曾指出，"文化是冻结了的人际交流，而交际是流动着的文化。"①德国哲学家和语言学家洪堡特（1999：39）说语言是"一个民族生存所必须'呼吸'和'他的灵魂之所在'，只有通过一种语言，一个人类群体才得以凝聚成民族，一个民族的特性只有在其语言之中才完整地铸刻下来"。这些论断表明，民

---

　　① 　贾玉新. 跨文化交际学［M］. 上海：上海外语教育出版社，1997：16.

族的特性表现为文化，语言体现文化、蕴含文化，是文化群体进行文化认同的必要介质。赵世举（2015：176-177）指明了语言和文化的关系，"每一种语言本身就是一种独特的文化。任何一种语言都凝聚着一个民族有关自然和社会的独特认识，反映一个民族的思维模式、世界观、价值体系、生产经验和风俗习惯等文化风貌，是一个民族文化的基因和'活化石'。语言的多样性和文化的多样性呈正相关"。"语言是文化的最重要的载体和人际交流的最重要工具，文化内容和文化样式一般都要借助语言来承载、表现和传播。"可见，文化、交际和语言联系密切，相互交织，相辅相成。因此我们选择多元文化的视角来研究汉语交际冲突。

通过相关文献资料的梳理，我们发现多国人之间汉语交际冲突的系统性研究几乎空白，本研究旨在补足研究空白和拓展研究领域。

一、解决多元文化背景下汉语交际冲突的实际问题

具体而言，论文关注文化背景、场景、语境对群体言语交际的影响，通过定量、定性的多元文化背景下汉语交际冲突案例分析，揭示交际冲突具体动态过程，研究汉语高级习得者和母语使用者在发生交际冲突时的不同应对策略，可以从文化、语言、交际三个方面来考察。

首先，面对文化差异问题，多元文化交际者通过学习跨文化交际理念，可以加强文化间的沟通和交流，增进了解和文化认同。多元文化交际者通过移情和求同存异的方法，在交往中反思定型观念，做到彼此尊重，共同适应。

其次，面对语言差异问题，我们提出"世界汉语"观念，引导汉语交际者在语言、文化、价值观、社会规范、思维方式等多元因素影响下，仍秉持包容、容错心态，从而缓解交际冲突压力，调节交际者的紧张心理和负面情绪。提出"世界汉语"观念旨在增加语言宽容度，减少多元文化背景下的汉语交际冲突。

再次，面对交际策略差异问题，我们考察语言文化背景和交际者对言语交际冲突的影响，探索汉语交际冲突的具体应对策略，提倡增加交际者

的文化间性意识。具有低回避不确定性的价值取向的交际者主导说服策略，认为竞争促进问题的解决，交际者会倾向于使用抢得话语权、重复、追问、打断及话语重叠等言语手段，用说服策略以理服人从而解决冲突；具有高回避不确定性的价值取向的交际者主导和谐策略，认为竞争和冲突会影响人际交往，破坏交际秩序，因此这类交际者会倾向于采取回避策略、妥协策略，使用话轮沉默、停顿、犹豫、不合作、模糊限制语、语码转换以及非言语行为等手段来淡化矛盾，化解言语交际冲突。多元文化交际者需要提高文化、语言、交际的综合认知，增进包容理解，灵活应对交际冲突，以解决多元文化背景下汉语交际冲突实际问题。

二、促进汉语多元文化言语社区的发展

中国经济的腾飞，综合国力的增强，巨大的市场和发展潜力，政府坚定的开放政策，国家汉办对汉语国际教育的宣传和推广，无不吸引着世界各国的目光。越来越多的国家、国际企业、国际组织与中国开展各种形式的合作交流，多元文化交际日趋频繁。汉语受到重视，越来越多的外国汉语爱好者、海外企业员工、海外华侨等认识到汉语的重要性，主动选择或接受派遣来到中国工作、学习、交流合作、结婚、定居，形成说汉语的外国群体，这为汉语多元文化言语社区发展奠定了基础。

世界历史和中国社会现实告诉我们，多元文化的共存是全球化进程中国家持续发展的必然选择，是新时代中国与时俱进的必然趋势。具有多元文化背景的汉语交际将成为中国社会的常态，做好"世界汉语"的传播和推广，对促进汉语多元文化言语社区的发展意义重大。

全球化带来的多元文化给日益国际化的汉语言语社区提出了新要求。空间距离的拉近并不能缩短不同语言文化之间的距离，多元文化意味着不同的价值取向、社会规范、思维模式、语言情感。这要求说话人在动态的多元文化交际中对不同听话人灵活地进行文化认同和身份建构。如果交际者缺乏跨文化交际意识和文化间性意识，对文化差异缺少容忍，就容易产生障碍、冲突和对抗，导致交际失败。因此，本书自建反映时代、真实可

信的多元文化背景下汉语交际冲突语料库，进行定量和定性分析，描写交际冲突的篇章特征，构拟交际冲突产生过程，提出冲突应对策略，探析冲突导因，为促进汉语多元文化言语社区的发展进行探索。

三、推动学科和理论研究

我们综合分析已有研究成果，目前尚未发现有较系统、全面的多元文化背景下的汉语交际冲突的科研成果。本书将以实证研究为基础，致力在多元文化背景下汉语交际冲突研究的理论探索上有所创新。

首先，在已有研究基础上推动文化语言学、社会语言学、应用语言学、人类学、心理学等跨学科研究。以汉语文化为语境，结合社会语言学、文化语言学、认知语言学、人类学等多学科理论，研究多元文化对汉语交际冲突的影响。

全球化新形势带来的多元文化给汉语言语社区提出了新的要求。空间距离的拉近并不能缩短语言文化的距离，多语言背后的多元文化所蕴含的不同交际方法、思维模式、行为准则，要求交际者在不同的交际场景中不断进行文化认同和身份建构，如果缺乏多语言文化差异的交际意识和文化容忍态度，难免会出现交际障碍、冲突和对抗，导致交际失败。因此，将语言和文化结合起来考察动态交际中的汉语言语冲突具有重要理论意义。

我们从语言学的视角对多元文化进行了重新界定，以语篇特征的分析为抓手进行理论建构，希望抛砖引玉，引起学者的关注，促进新时代汉语言语社区中多元文化交际的相关研究。

多元文化主义最初指什么？美国印第安纳大学历史系副教授王希（2000）指出：“多元文化主义（Multiculturalism）发端于 1990 年代美国社会，是一种热议的社会现象。最初指的是，不同民族、文化、语言的移民在美国共同生存、发展，形成包容、开放、自由、平等的美利坚民族的精神文化。”多元文化主义的发展如何？由于多元文化主义至今尚无公认界定，意识形态、教育体系、价值体系、历史观、文化批评理论、政治秩序等领域都把多元文化主义作为凝聚人心的"旗帜"。王希认为："世界多元文化，这是世界上总体性的文化范畴，是指在世界范围内各民族多元文化并存及其交互作用，是人类文化的总称。"哈佛大学非裔美国人研究系主任亨利·路易斯·盖茨（Henry Louis Gates Jr.：1991）指出："多元文化主义理论的核心是承认文化的多元性，承认文化之间的平等和相互影响，打破西方文明在思维方式和话语方面的垄断地位。"据此我们认为，从语言学的视角研究多元文化在汉语交际冲突中的表现和影响，承认多元文化的存在和交互作用，具有促进汉语发展和传播的指导意义。

其次，从新视角丰富了现代汉语的研究范围。Gudykunst（2011 vi）曾指出"亚洲学者需要创建适合自己文化的交际理论"，"目前对动态多变的交际过程的研究和探讨不够，在研究方法和研究内容上需要更多的探索和拓展"。有鉴于此，论文对多元文化背景下多国人的现代汉语交际冲突进行研究，使用 ELAN 转写了约 30 万字的多模态现代汉语语料，自建多元文化背景下的汉语交际冲突语料库，通过对大量语料的定量描写和定性分析，探索多元文化背景下汉语交际冲突的理论，为多元文化背景下汉语交际研究提供新的思路。

论文语料限定"现代汉语交际"，在历史长河中，汉语在文化认同、民族认同、国家认同中，作为民族血脉，对中华民族的大一统立下功劳。不管南腔北调，只要有雅言、通语、普通话，就能沟通南北；只要会汉字，就能读懂古今。赵世举（2015：170）提出："作为我国通用语言的普通话，是中华民族文化传承与发展的结晶，也是中华民族的纽带和精神家园。"因此，二语习得者要熟练使用现代汉语就必须熟知中华民族文化，只有这样才能了解中国人的言语、思想、行为，走上沟通中外的汉语桥，走进中华民族的精神家园。

第二节　研究现状

我们从跨文化交际研究和话语冲突两个相关研究方向探讨研究现状。

一、跨文化交际研究

跨文化交际学的研究源自美国，发端于 20 世纪 50 年代末，历时近 70 年。兴起于 20 世纪 70 年代，近四五十年来，无论是理论研究还是教学应用，方兴未艾。

1. 国外的研究成果

跨文化交际学在传播学的基础上，吸纳了人类学、语言学、文化学、社会学等学科研究成果，建立起独立学科的理论框架和研究方法。美国人类学家 Edward Hall 的著作 *The Silent Language*（Anchor Books，1959），被公认为跨文化交际研究的奠基之作，以他为代表的学者在已有研究基础上对跨文化交际理论建构进行了探索。

胡文仲（2006：4）指出"20 世纪 80 年代中期以前，在美国基本上没有什么跨文化交际理论研究。"第一个有关跨文化交际理论的论文集 *International and Intercultural Communication Annual* 出版于 1983 年，随后理论研究逐步发展起来，在广度和深度方面都有明显的发展。到 20 世纪 80 年代，研究重点逐渐从对比和分析不同文化交际（Cross-cultural Communication）中的差异转到研究跨文化交际（Intercultural Communication）动态多变的过程中去。国际跨文化传播和交际研究领域专家 Willian B. Gudykunst 建构了动态的跨文化交际理论，其著作 *Intercultural Communication Theory*：*Current Perspectives*（1983）标志着跨文化交际学成为一门独立学科。随着跨文化交际研究发展如火如荼，研究内容拓展，科学方法增多，世界越来越多的学者关注和研究跨文化交际，跨文化交际学引入大学课程。Gudykunst 的著作 *Cross-Cultural and Intercultural Communication*（2002：183）总结了 15 种不同的跨文化交际理论，就跨文化与不同文化之间的交际做了上下两部分的研究。跨文化交际主要涉及不同国家和文化的交际者面对面交际，这个术语也经常被用来通指文化和交际各方面的研究。跨文化交际一个重要领域就是不同文化间的交际，即不同文化间面对面交际的对比研究，如日本和美国跨文化交际对比研究，这一研究源自文化人类学研究。Gudykunst 提出理解不同文化之间的交际是理解跨文化交际的先决条件。著作 *Theorizing About Intercultural Communication*（2005）代表了 Gudykunst 的成就，也是他在跨文化交际核心理论建构方面做出的最大贡献。书中提出 26 种跨文化交际理论，把文化融入交际理论分成三种模式：第一，将文化和交际合二为一的理论；第二，解释交际中文化多向性的理论；第三，解释具有不同文化背景的人之间进行交际的理论（Gudykunst 2014：v）。

李炯英（2002：86）在《中国跨文化交际学研究 20 年述评》中提出，跨文化交际学的诞生有三个标志："一是 1959 年第一部跨文化交际学的奠基之作——霍尔（Edward Hall）的《无声的语言》问世；二是 1970 年国际传播学会正式成立了跨文化交际学分会；三是 1974 年《国际与跨文化交际学年刊》创刊。"

2. 国内跨文化交际研究

20 世纪 80 年代中国跨文化交际研究起步。改革开放的政策扩大了国际学术交往，促成了中国跨文化交际学诞生、成长和发展。国内学者一方面介绍和引进西方的跨文化交际理论、研究方法和教学实践；另一方面在外国理论建构的基础上，拓展中国跨文化交际研究的学科外延，在教学实践、教材编写、大学课程开设、学科专业培养方面，进行了丰富的探索。

北京外国语大学胡文仲教授和北京大学关世杰教授是跨文化交际学理论引进和介绍的先驱。胡文仲有论文《文化差异与外语教学》（1982d）、《文化教学与文化研究》（1992a），专著《文化与交际》（1994）、《跨文化交际学概论》（1999），关世杰有《跨文化交流学：提高涉外交流能力的学问》（1995）。哈尔滨工业大学贾玉新教授和北京语言大学王振亚教授在相关研究上紧跟其后。贾玉新出版著作《跨文化交际学》（1997），王振亚出版著作《以跨文化交往为目的的外语教学》。

1995 年，我国第一届跨文化交际研讨会在哈尔滨工业大学召开，中国跨文化交际研究会正式成立，这标志着跨文化交际研究在中国迎来了一个新纪元，相关研究蓬勃开展。

　　从 1979 年至今，在中国知网以"跨文化交际"为关键词进行检索，约有 21000 篇相关学术论文。采用可视化检索方式对以上论文的研究主题进行进一步分析，可见研究主题集中在跨文化交际、跨文化交际能力、（大学）英语教学、外语教学、文化差异、语用失误、文化教学、文化背景知识、跨文化意识等方面。见图 1：

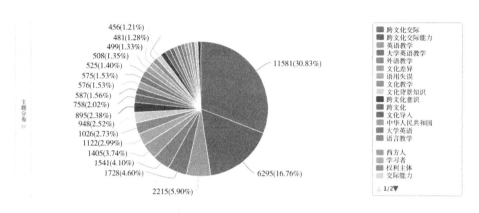

图 1　1979 年 10 月至 2018 年 10 月跨文化交际研究论文主题分布

　　20 世纪 90 年代以来，跨文化交际相关论文的发文数量快速上升，论文发表数量到 2012 年达到顶峰，近年来研究趋势放缓，但每年相关论文发表数量仍不少，见图 2。

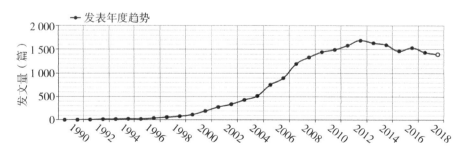

图 2　近 30 年跨文化交际相关论文发表数量年度趋势

从图 2 可以看出，21 世纪之前是中国跨文化研究的拓展阶段，发表论文较少；2000—2012 年是中国跨文化研究的快速发展阶段，发表论文数量攀升；2012 年之后是中国跨文化研究的平稳发展阶段，发表论文数量放缓，但每年仍有 1400 篇左右论文发表。

外语、对外汉语和汉语国际教育领域的教师在跨文化教学实践和理论研究中意识到，必须在二语教学中强调跨文化交际能力的培养，语言教学与文化教育必须有机结合。他们成为跨文化交际研究的生力军，为不断推动跨文化交际研究的发展做出了重要贡献。

3. 存在的问题

我国的跨文化交际研究在理论探索方面较薄弱，许多学者都指出过这一问题。尽管近年来有所改善，但仍有很大的研究空间。

胡文仲（2005）在《论跨文化交际的实证研究》中指出："我国跨文化交际研究的一个突出弱点是实证研究的缺乏。我把 1999—2002 年间中国期刊全文数据库中有关跨文化交际的文章与同期美国出版的 International Journal of Intercultural Relations 发表的文章做了比较，发现实证研究的文章比例分别占全部文章的千分之 5.6 和百分之 72.8。"而本书正是以实证研究为基础。

胡文仲和贾玉新在《跨文化交际理论建构》（2014）的序言中提道："外语教学必须与文化相结合。"本书是以多元文化为背景来研究真实互动中的言语交际冲突。

跨文化交际研究的产生和兴起，揭示了跨学科、多视角的研究趋势成为时代刚需。而本书从"多元文化"理论建构入手，重视实证研究方法，用第一手语料，研究动态交互中的多元文化背景下汉语交际冲突问题。我们将语言和文化相结合，研究多元文化背景下、汉语语境中，多元文化共存语场下的汉语交际冲突。

二、话语冲突及相关研究

1. 多人会话

法国里昂大学语言学家 Kerbrat-Orecchioni（2004）等人在 *Journal of Pragmatics* 提出多人会话(polylogye)的概念，指"三方或三方以上参与者进行的交流模式"。她指出参与者人数增多增加了话语活动的复杂性。参与者在交际中要依据会话场景，考虑包括背景知识、参与者的社会权势、参与者之间在话语现场的社会关系、交际目的、话题推进模式、结盟、听者角色、参与者的关注度、社会规约等所有参与者相关因素。就多人会话的话语结构和话轮转换的特点，她指出多人会话比两人会话更加复杂。因此，我们应该加强对特定语境中多元文化交际受阻现象的研究，如话语重叠、言语重复、有意回避、会话修正、语码转换等。

Kerbrat-Orecchioni 等人区分了多人会话的分析层面：较高层阶(upper rank)，即 Goffman(1981：130)所说"自然连接的系列话语，由两人或多人参与的，有起始和结束的社会交往活动"；中间层阶(intermediate rank)，上有语段(episodes)、阶段(phases)和序列(sequences)；较低层阶(lower rank)，有话语回合(exchanges)和语步(moves)。本书在语料选择上，围绕冲突性言语事件，尽量转写冲突潜伏期、萌芽期、激化期、结束和转移期的完整过程。在较高层阶中筛选出中间层阶的冲突语篇，在具体案例分析中结合较低层阶的概念，作为本研究的理论支撑。

Goffman(1981：124)提出的"参与者框架"是观察、描写、分析话语交互的重要概念。Goffman（1981：134）将参与状态划分为"认可的听者(ratified participants)"和"非认可的听者(non-ratified participants)"。Kerbrat-Orecchioni(2004)认为不仅仅要立足于听者，还要关注说者，即说话人如何在话语互动中改变自己的立足点(footing)，实现角色的转换。她拓展了 Goffman 的"参与者框架"的内涵，体现多人会话中说话人和听话人话语交互的动态特征。

多人会话在国内的研究起步比较晚，研究成果不多。在中国知网中以关键词进行检索，仅见18篇论文，从2005年开始至今，每年1—2篇相关论文，2016年有4篇论文。发表年度趋势见图3：

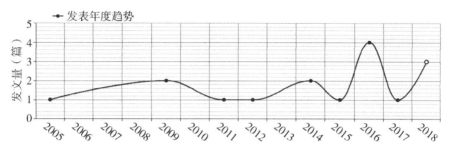

图3　近30年多人会话相关论文发表数量年度趋势

从多人会话研究主题来看，包括"会话结构分析"，有李治平《汉语会话结构及转换机制研究》(2005)，马春燕《汉语多人会话结构分析与性别建构研究——以电视谈话节目为例》(2014)；有非流利现象的研究，如邱梦颖《多人会话中的非打断性言语、言语打断与话轮数目的相关性研究——以〈健康之路〉节目为例》(2016)和《非正式机构性多人会话中的重叠谈话研究》(2017)；有关于话语权力的研究，如刘佳《多人会话的批评性语篇分析》(2009)，王心华《基于多人会话的话语权力不平等研究——批评语言学与语用学视角》(2011)，郑艳《多人会话中话语弱势群体的话语策略——反论》(2011)；有关于语用的研究，如张颖《取笑的取效：多人会话幽默的接受互动研究》(2016)；语言对比研究，如田黎、贾琦、张琪珑《关于多人会话中视点的汉日对比研究》(2016)。

多人会话往往具有冲突性，比两人会话更容易出现参与者之间形成结盟关系的趋势(Bruxellex & Kerbrat-Orecchioni，2004：6)。陈婧、邹德艳、黄滔(2014)在《多人会话中的结盟现象研究综述》中提道："结盟现象研究突破了传统会话分析中会话者角色二元化(听者和说者)定位的局限"，"结合性别、权势、职业等社会因素，走出了一条社会学和语言学相结合的研究路径。"她们还提到多人会话研究的局限,"针对多人会话中结盟现象的研究都是定性的,鲜有定量的研究。外语学习者的多人会话中的结盟机制与母语使用者相比的异同,更是较少被触及"。多人会话研究的薄弱环节为本书的研究指明了方向,本书基于多元文化的特定语境,定量研究和实证研究相结合,探究多国汉语二语高级习得者和汉语母语者在交际冲突中的结盟现象和文化身份认同现象,并探讨对交际受阻现象的处理方式和策略异同。

2. 交际冲突相关研究

冲突话语的名称很多。Grimshaw(1990)把冲突话语称为"conflict talk",Eisenberg 和 Garvey(1981)把冲突话语称为 adversative episode,Krainer(1988)把冲突话语命名为"verbal discord",Schiffrin(1985)把冲突话语称为"oppositional argument"。(Leung2002;Zhu2008)指出冲突性话语是"说话人和听话人之间因意见分歧在语用上所引起的某种对立或争执状态"。

Pomerantz(1975,1984)首先提出了非偏好言语行为的话轮形式(dispreferred-action turn shape)的观点。她研究发现,毗邻对序列中非偏好的话轮 2 在推进中往往表现出拖延、犹豫、停顿等非流畅现象的特征,体现出偏好系统(preference)对其进行的调制。赵永清(2013:25)认为:"会话分析对非偏好的话轮 2 标记性特征的研究可能是语言学界对冲突性话语研究的起点。"

国外学者对冲突性话语的研究始于对言语论辩现象的关注。Barki 和 Hartwick 通过对数据库中人际冲突的相关研究,正式提出人际冲突概念。20 世纪 70 年代,(Brenneis & Lein, 1977; Lein & Brenneis, 1978; Boggs, 1978)从小孩争论语言入手研究冲突性话语。80 年代,Jaeobs, Jaekson, Muntigl, Tumbull 等将论辩看作一种言语行为。90 年代后,Grimshaw, Dorrin 等着重分析冲突话语的结构特征、话语构建以及语用策略等。Grimshaw1990 年主编的论文集《Conflict Talk》为当时冲突性话语研究的集大成者,多方位地搜集了 70 年代以来有价值的科研论文。例如:(Kuo, 1991;

Kakavá，1993a；McIlvenny，1996）从文化语境、场景的不同对比，研究交际者不同的冲突的策略和话语互动。（Labov，1990；O'Donnell，1990；Conley & O'Barr，1990）等从社会语言学的研究视角，拓展了冲突性话语研究范畴，考察参与者的性别、社会阶层、机构身份、种族等因素对话语冲突的影响。冲突话语的研究视角扩展到社会语言学范畴，重点考察影响言语行为的社会变量。如 Boxer 对家庭成员唠叨话语的语步分析。

我国学者对交际冲突的介绍和研究起步比较晚，最近十几年才开始，研究方向主要在语用学和认知语言学的框架上借助顺应理论进行研究。主要研究成果是论文，例如赵英玲（2008）、王林海和赵海燕（2008）。国内关于交际冲突研究的论著较少。我们发现，相关学位论文研究成果大部分是英文撰写的，这说明汉语交际冲突在外国语言学界受到更多的关注。国内学者的研究可有以下几类：

（1）结构特征：赵英玲《汉语冲突话语语用修辞研究》（2008）通过对汉语冲突话语的序列结构分析、论证模式及论证结构分析、争执策略分析以及对冲突话语的语用功能分析，描述了冲突话语的语用模式，阐释了冲突话语的构建。赵英玲、狄艳华在《汉语冲突言语事件中的论证话语分析》中研究了汉语冲突言语事件中的论证话语的三种论证结构：自上而下、自下而上和混合结构。周颖《汉语冲突性话语起始部分研究》（2009）以影视对白、话剧剧本和小说为语料，对汉语冲突话语的起始部分进行了形式分类和语用分类，探讨了引发项和应对项的衔接方式和语用搭配。陈翠、袁林《汉语交际中的冲突性话语研究》（2015）从表达模式、形成原因、语用策略提出了汉语交际冲突的研究框架。王渺渺《汉语冲突性话语中的话语标记研究》（2013）以顺应论为理论依据，研究在汉语冲突性话语中常出现的话语标记及其分布规律、使用情况。

（2）语用研究：林宝珠《汉语语境下交际冲突中缓和性回应的语用分析》（2015）探讨了在社会语境和心理语境下，象征性同意、模糊限制语、妥协让步式、幽默诙谐式、转换话题式和带有话语标记语的隐含修正6种缓和性回应策略，主要研究汉语交际冲突应对策略。在教学方面，毕莹莹

《语境顺应论视角下汉语师生冲突话语的语用研究》(2013)分析汉语师生冲突话语的语言特点，侧重从积极语用功能视角探讨冲突性话语的发生是如何顺应语境关系要素中的心理世界、社交世界和物理世界的。许艳玲《汉语语境下教师对学生冲突性话语的回应策略与面子的语用分析》(2013)依据 Brown &Levinson(1987)的面子威胁论，分析教师对于学生不合作话语引发的冲突回应和语用功能。

(3)社会语言学：以家庭矛盾为影响交际的话语变量，进行研究的有王敏玲《汉语语境下夫妻间冲突话语的语用研究》(2006)，用了 Verschueren(1999)的顺应理论，对夫妻间冲突话语产生的原因、语言特点和解决策略进行了研究；毛俊涵《汉语语境下婆媳冲突性话语的语用研究》(2013)，以话语分析和面子理论为指导，以婆媳关系题材的电视剧《麻辣婆媳》和《双面胶》为语料，探索婆媳双方在冲突中策略选择的差异以及造成这些差异的制约机制。

此外，跨文化交际的研究，有钱若昀《跨文化语境下的冲突性话语研究——以电影〈刮痧〉〈推手〉为语料》运用语言顺应理论，Hofstede 的文化维度理论和 Hall 的高低语境理论研究中美跨文化语境下的话语冲突。姬卫国《英美文化中非对等权势关系间冲突话语的语用分析》(2011)也是利用语言顺应理论和马斯洛的需求层次学说，揭示了英美文化中，非对等权势关系的交际者之间冲突性话语产生的原因和趋向、结果。周琳琳《从跨文化交际的视角看对外汉语教学中的文化冲突》(2012)从跨文化视角和教学实践视角，给对外汉语教学中的文化冲突进行了分类，提出课堂中的文化冲突应对策略。

综合分析学界研究成果，可见目前尚未有较系统、全面的多元文化共存语境下的汉语交际冲突的成果，这正是本书所要解决的问题。

第三节　研究内容

本研究是一个紧跟新时代要求，以理论研究为基础，以现实应用为导向的课题。本书从多模态真实案例入手，以多人多国高级汉语习得者为主要研究对象，重点研究多元文化背景下动态语境中现代汉语言语交际冲突。本书重视实证研究，构建多元文化交际模式和多元文化背景下汉语交际冲突的类型，深入描写汉语交际冲突的表现形式即篇章特征，探索冲突导因和冲突产生过程，为汉语交际冲突的应对策略提供新思路，以构建顺畅和谐的汉语言生活，促进汉语多元文化背景下汉语言语社区和谐发展。

研究内容包括：

第一，对前人没有涉猎的多元文化背景下的汉语交际冲突进行了原创性的理论探索。首先尝试界定"多元文化""多元文化交际""冲突""多元文化背景下的汉语交际""多元文化背景下汉语交际冲突"等核心概念。

第二，基于现有的人际交流理论不适用多元文化交际的不足之处，借鉴施拉姆人际交流环式模式，用图示模型探索多元文化背景下汉语交际模式和汉语交际冲突类型。

第三，从多元文化背景下汉语交际冲突的真实案例出发，对汉语冲突语篇特征深入研究，细化分类。

第四，从文化语言学、认知语言学、社会语言学等语言学分支学科汲取养分，研究多元文化背景下汉语交际冲突产生过程。

第五，结合汉语语言事实，研究多元文化背景下汉语交际冲突的导因，以丰富相关理论体系。

第六，为了回答时代命题，我们紧跟时代脉络研究多元文化背景下汉语交际冲突的应对策略。

第四节　研究意义

本书研究意义分为三个层面：

首先，从跨文化研究的"静态分析"迈向文化间性的"动态对比"，具有理论创新意义。

"哈贝马斯提出的主体间性（intersubjectivity）认为，主体形成的社会化实际上是以语言为核心的交往行为，那么'主体—客体'模式必然能被进行言说与行动的主体和主体之间的相互理解的范式所取代，即强调言说和行动着的'主体间关系'"。（凌海衡，2011）

刘学蔚（2016）指出："以辩证的视角统一'差异'和'融合'的文化间性作为一种客观存在的特质，强调不同文化主体之间的平等地位，指向一种相互理解、相互适应、相互联结和依存的跨文化关系的建构。"可见文化间性强调的是动态的对比，重在解释行为差异背后的导因。本书从动态交互的真实言语冲突案例入手，从形式和意义的关系思考多元文化对语言交际的影响，提出树立包容、和谐的"世界汉语"观念，从跨文化的静态分析走出，走向文化间性的动态对比。从"差异"走向"融合"。本书的研究观念和文化间性理念一致。

其次，强化文化因素在汉语作为第二语言教学中的作用，服务汉语二语教学。

汉语在国际上越来越受到重视。汉语热推动了汉语作为第二语言教学实践和研究的发展，这为多元文化背景下的汉语交际发展打下基础。汉语作为交际的工具、文化的载体、社会关系的媒介，汉语这个联合国工作语言，现在已被英国、韩国、美国、泰国、越南、赞比亚、坦桑尼亚、南非、肯尼亚等国作为必修课或选修课纳入中小学教育体系中。

多元文化背景下汉语交际冲突的实际问题，需要我们强化汉语二语教学中的文化因素。尽管外国高级汉语习得者能流利使用汉语进行日常交际，但是当汉语母语者毫无芥蒂地与这些"汉语通"用汉语深入交流的时候，却会不明所以地出现一些程度从轻到重的交际障碍、交际冲突、交际对抗，影响交际顺利进行，甚至造成交际场面失控，不利于交际目的的实现。句子只有进入了交际，其意义才能具体化、明确化。外国交际者对汉语会话含意的推理，受到本国语言文化、价值取向、社会规范、思维方式、经验知识、宗教信仰、交际原则等多元因素影响，更易出现"自以为是"的交际冲突。多元文化是多种文化共存的和谐状态。本书考察的研究对象大部分是以汉语为第二语言的外国人，因此本书注重文化因素与语言应用的关联。

文化和语言息息相关。刘大为（2003）指出："人文素养的提高与语言能力的发展不是彼此孤立的两个过程，而是同一个过程的两个侧面。"文化和语言相结合的教学方法受到学生和教师的推崇，特别是在对外汉语教学、汉语国际教育、外语教学领域。本研究实际上就是文化因素融入汉语二语习得、汉语二语交际的生动样本。本研究的冲突案例和理论结果，有利于汉语二语习得者和教师结合多元文化背景，更好利用文化因素学习汉语和开展汉语二语教学。

再次，研究成果能够廓清人们对多元文化背景下汉语交际冲突的类型与特点的认识，有利于完善中国文化的国际传播策略，促进中国软实力的提升。

汉语热是中国软实力发展的体现。多元文化背景下的汉语交际冲突是时代命题。关照当下，21世纪的重要特征是全球化，目前全球化虽然遇到一些阻力，但大势已经不可扭转。世界经济一体化促成了劳动力、资本、商品的自由流动，科技进步带来的交通便捷，大大缩短了交通时间成本，促进了跨地区、跨国家的人口流动，也促进了本土文化的世界化。汉语作为中国文化的载体，研究多元文背景下的汉语交际冲突，可以助力国家语言文化策略、国际传播策略的完善，促进中国文化软实力的提升。

语言冲突、话语冲突是不同国家间文化冲突的重要表现形式。跨入新时代，开放的中国会有更多多元文化共存的语境，交际者如何利用语境，兼顾文化，准确得体地运用现代汉语进行交际，这需要进行多元文化背景下汉语交际冲突研究。本书把握新时代脉络，回答新时代命题。第二章构建汉语交际冲突的类型，第三章描写多元文化背景下汉语交际冲突的语篇特征：话语重叠，话语重复，会话修正，有意回避，语码转换。这些结论，在个人层面上帮助我们深化多元文化背景下汉语交际冲突的认识，树立文化间性观念，减少交际冲突。从国家层面上看，新时代中国全面对外开放政策的深入，多国外国人加入的汉语言语社区将日益壮大，多元文化并存将成为汉语交际不可或缺的语境。本研究关注语言和国家间的关系，能够为国家文化的国际传播策略提供借鉴。

第五节　理论基础和研究方法

一、理论基础

为了真实反映多元文化交际中交际者的语言、动作、情态，我们在语料转写过程中，运用多模态话语分析理论对语料进行了标注。本书从确定语料出发，运用会话分析理论指导语料分析。鉴于本书的研究对象来自多个国家，多语言文化与汉语言文化交互碰撞，笔者从语言学视角重新界定"多元文化"，借鉴跨文化交际理论展开多元文化背景下言语交际冲突研究。本书研究动态使用中的真实语言，必然需要语用学理论的支持，如顺应论，关联理论，模因论等。一个冲突性言语事件构成一个冲突语篇，篇章语言学理论指导我们研究汉语交际冲突中的语篇特征。此外，我们还吸取人类学、社会语言学、认知语言学、修辞学、心理学、交际学等科研成果为本书服务。在理论基础上，我们主要从语言事实出发，选择相应理论指导研究。

1. 会话分析理论

会话分析是 20 世纪 60 年代末、70 年代初在社会学、语言学、心理学、哲学、交际学、人类学等学科综合中发展而来的一门新兴的学科，发展到今天有了很多分支学派，这些分支学派包括："以 Sacks 和 Schegloff 为代表的会话分析 (Conversation Analysis)，以 Hanlliday 为代表的系统功能语法 (Systemic-functional Linguistics)，以 Van Dijk 为代表的篇章语言学 (Text Linguistics)，以 Austin 和 Searle 为代表的言语行为理论 (Speech Act Theory)，以 Grice 为代表的语用学 (Pragmaties)，以 Labov 为代表的社会语言学 (Sociolingulstics) 等等，他们从不同视角研究话语，都取得了令人瞩目的成果。"（萨丕尔 1985：296）

会话分析的理论和观点对本书的语料选择和分析起到了重要指导作用。"John Heritage(2008：303-305)指出会话分析的特点可以总结为三点：一是强烈的实证性，会话分析学者们坚持"以事实说话"；二是关注真实世界的语料，特别是在一定情境下、与上下文密切关联的交谈；三是从参与者出发，即对语句甚至语段的理解、分析，都是从参与者的角度出发。"（刘娅琼 2014：26）

会话分析理论框架中有很多重要概念，给本书多元文化背景下汉语交际冲突研究提供了分析工具和理论基础。如话轮、话轮转换（Turn-taking，TT）、相邻语对（Adjacency Pair）、修补机制（Repair Mechanism）、非言语行为（nonverbal behavior）等理论成果是本书研究的理论基石。

2. 多模态话语分析理论

张德禄（2015）指出："多模态话语分析理论在 20 世纪 90 年代发展起来的标志是 Kress 和 Van Leeuven（1996）出版的《阅读图像——视觉设计语法》（Reading Images：the Grammar of Visual Design）。"

Kress 和 Van Leeuwen（1996）用多模态这个术语表示我们交际的方式很少由一种语言来进行，而是同时通过多模态，把视觉、声音、语言等结合起来进行。张德禄（2009）指出："多模态话语是运用听觉、视觉、触觉等多种感觉，通过语言、图像、声音、动作等多种手段和符号资源进行交际的现象。"本书语料的转写和标注以多模态话语分析理论为指导，对电视访谈节目《世界青年说》中交际者的语言、有声现象、表意性发声、体态语、字幕等都做了标注，以全面、真实地反映言语交际冲突的全貌。

Martin（1992）在系统功能语言学的理论框架上提出多模态话语分析的五个层面：文化、情境、意义、词汇语法、音系字系，最后由物质实体声音或书写印迹体现，其中文化语境是社会交际活动产生的背景特征。Martin（1992：496）认为，文化语境包括两个主要变项：意识形态和体裁。意识形态是文化的主要存在形式，包括社会成员的信念和理念，社会约定俗成的常规等，是一个语言社团的成员所共有的观念、思想、世界观、价值观、思维方式。体裁是话语模式的选择潜势或者称"体裁结构潜势"（Halliday & Hasan，1985/1989：63），即人们在特定的语境下从事社会交际活动的基本模式和程序，包括如何开始，如何发展，如何进行，如何获得所需要的交际效果等。Martin（1992）在文化语境中提出"意识形态"，在多元文化背景中多种文化的意识形态共存，多元文化包含的多种固有观念、思想、世界观、价值观、思维方式等在汉语语境中相互接触、碰撞，容易导致交际冲突。Halliday & Hasan（1985/1989：63）提出的体裁，对本书多元文化背景下汉语交际冲突产生过程的研究具有指导作用。

3. 跨文化交际理论

林大津（1996：14）指出"行为源与反应者来自不同的文化背景就是跨文化交际。"

2005 年美国出版了一部有关跨文化交际理论的著作，名为 *Theorizing About Intercultural Communication*，主编是著名跨文化交际学者 William Gudykunst。该书前言提到 20 世纪 80 年代中期以前，在美国基本上没有什么跨文化交际理论研究。"美国第一部有关跨文化交际理论的论文集 *International and Intercultural Communication Annual* 出版于 1983 年，此后理论研究逐步发展起来，在广度和深度方面都有明显的体现。"（胡文仲，2006）20 世纪七八十年代，跨文化研究的重点逐渐从对比和分析不同文化交际中的差异（Cross-cultural Communication）转到研究跨文化交际动态多变的过程（Intercultural Communication）。本书将以 Willian B. Gudykunst 等一批学者建构的动态跨文化交际理论作为多元文化背景下汉语交际冲突研究的理论指导。在多种语言文化共存的语境下进行交际，交际者需要根据听话人、交际目的灵活选择自己的文化群体身份、社会身份。真实世界的语言事实传递出多元文化背景下交际者的价值取向差异、社会规范差异、文化影响差异、语言表达差异、思维模式和文化意识差异。作为多元文化中的交际者，其交际行为、交际方式、交际风格、交际策略、交际礼仪同多语言文化密切相关。因此，本书借鉴跨文化交际理论来展开多元文化交际的理论和应用研究。

贾玉新在《跨文化交际学》中提出的跨文化交际研究的模式："文化——情景——社会规范——编码——符号——解码——研究方向——交际……"告诉我们要考察文化、情景、社会规范等言语交际的背景。

本书从语言学角度重新解读"多元文化"，主要参考跨文化交际理论来指导多元文化共存语境下的言语交际冲突，结合场景语境来考察多元文化影响的汉语交际冲突。

4. 语用学理论

Levinson（1983）在《语用学》中把语用学定义为"从功能的角度研究语言"。作为语言学的一个分支学科，语用学在 20 世纪 70 年代末、80 年代初才得到人们的普遍认可，标志是 1977 年在荷兰正式出版的《语用学学刊》（Journal of Pragmatics）。

何自然，冉永平（2006：24）指出跨文化语用学的研究领域可以分为语用语言学和社交语用学。而社交语用学是研究不同语境下的社交语用（sociopragmatics）问题。在这方面，首先要研究干扰交际的文化因素。高一虹（1991）指出："操外语的人往往存在一个他应当依附于什么样的文化背景（母语文化或目的语文化）来进行交际的问题。"多元文化交际中，交际者依附文化的差异会阻碍多元文化交际的顺利进行。

本研究借鉴语用学的理论指导，在会话含意、礼貌现象、言语行为、面子观、模糊限制语和语用模糊、关联理论等理论指导下，从跨文化语用学（使用第二语言或外语进行跨文化交际时出现的语用问题）和语际语用学（介于两种语言之间的一种中介语或过渡语，至少体现两种语言或文化的特征）的视角，研究多元文化背景下汉语交际冲突的语用现象。

1967 年，美国哲学家格莱斯在哈佛大学的第二次演讲《逻辑与会话》中，提出了合作原则（Cooperative Principle）。他认为，在人们交际过程中，对话双方似乎在有意无意地遵循着某一原则，以求有效地配合从而完成交际任务。包括量的准则、质的准则、关系准则、方式准则。

礼貌原则由英国语言学家利奇在 20 世纪 80 年代提出，作为对格莱斯合作原则的补充。包括得体准则(用于指令和承诺)：减少表达有损于他人的观点；慷慨准则(用于指令和承诺)：减少表达利己的观点；赞誉准则(用于表情和表述)：减少对他人的贬损；谦逊准则(用于表情和表述)：减少对自己的表扬；一致准则(用于表述)：减少自己与别人在观点上的不一致；同情准则(用于表述)：减少自己与他人在感情上的对立。

"Brown & Levison(1978,1987)的面子理论认为交际双方主要关注面子。该理论认为面子由交际双方的两种需要(面子需要)构成：行为无阻需要(消极面子)和得到认可需要(积极面子)。"(陈新仁 2013：9)

何自然，冉永平(2006：29-30)指出："语用学的研究成果表明，语言使用取决于交际双方之间的相互假设和推理，对特定交际语境的了解，一般的背景知识，以及有关语言使用的认知语境假设等。"目前在语用与认知交叉研究方面，人们使用最多的就是关联理论及其推理模式。何自然，冉永平(1998)指出："根据 Sperber 与 Wilson 的关联理论，关联的第一(或认知)原则：人类认知常常与最大关联性相吻合。关联的第二(或交际)原则：每一个明示的交际行为都应设想为它本身具有最佳关联性。要找到对方话语同语境假设的最佳关联，通过推理推断出语境暗含，最终取得语境效果，达到交际成功。"

关联理论可以用来解释多人多元文化的言语交际冲突。不同语言文化背景的多个交际者进行面对面交际时，他们预设不同文化之间存在最大关联，并依照本国语言文化寻找话语的最佳关联。囿于语言文化的差异，多元文化交际者可能从语境假设中推断出现错误的语境暗含，未能找到最佳关联，导致交际冲突。不论是文化冰川说，抑或文化洋葱说，都告诉我们，仅仅看到语言文化的表层现象而不了解不同文化的核心精神，将埋下多元文化言语交际的隐患。

比利时语用学家 Jef Verschueren(1999)在他的著作《语用学新解》(*Understanding Pragmatics*)中提出了语言顺应论(Theory of Linguistic Adaptation)。Vershueren 认为，语言使用实际上是人们不断地对语言做出选择的过程。

语言选择由语言使用的三大特点作为前提，即语言的变异性、协商性和顺应性。Verscheren（1999：75-76）认为："在语言使用中，语言选择必须与语境相顺应。语境可分为两大类，语言语境和交际语境。语言语境指上下文，包括语言的连贯、语段关系、话语顺次等。交际语境包括交际者、物理世界，如时间、空间、外貌、体语等；社会文化世界，指各种社会文化因素、人际关系等；心理世界，如认知及情感因素等。"

Verschueren 提出的顺应理论认为，语言的使用是一个语言成分顺应语境因素和语境变量顺应语言成分的双向动态的过程。因此我们认为，高级汉语的二语习得者和汉语母语者交际时，仍然无法避免交际冲突，这是多元文化背景的语言成分和语境因素之间没能做到恰如其分的双向适应。究其原因，可能是低语境文化的交际者没有顺应汉语的高语境文化，导致交际冲突。顺应论对多元文化背景下的言语交际冲突具有很好的解释力。

5. 语篇分析理论

从语篇分析理论的发展来看，进入 20 世纪 90 年代，语篇分析的关注点开始由语篇内部的语言特征和语篇结构研究逐步向语篇外部发展。

语篇分析是系统功能语言学研究的一个重要部分。语篇分析理论对本书具有重要指导作用。语篇分析包括会话语篇和书面语篇。通过会话语篇分析，我们可以考察交际者是怎样在多元文化背景和具体场景中用语言（语篇）传播经验、表达意义、创造意义、以言行事。黄国文（2010：5）指出："从语篇分析的角度观察语言的使用，我们可以看到语言（语篇）在人类社会活动中的作用，可以考察语言的使用与社会结构、社会体系的关系，可以考察语言使用怎样反映特定社会中人与人之间的关系以及语言使用与社会体系之间的相互作用。"

6. 其他理论

除了以上几种理论外，我们还会吸取人类学、社会语言学、认知语言学、修辞学、心理学、交际学等研究成果为本研究服务。

美国人类学家霍尔 Hall(1976：76)提出了高语境文化(high context culture 简称 HCC)和低语境文化(low-context culture 简称 LCC)。我们可以用正态分布图来表征文化类型在高语境文化和低语境文化上的表现。

图 4 中横轴代表语境的高低，A 文化的整体分布更偏向低语境，交际时信息主要通过话语传递，表达方式更直接，信息也更容易被解读；B 文化的整体分布偏向高语境，交际时很多的信息不直接表明，而是暗含在语境中，表达方式比较婉转，交际者解读信息需要把情境、认知和交际的多方要素关联起来。那么来自 B 文化的交际者在 A 文化语境下交际时，根据 B 文化而用 a' 即低情景语言表述来表示 a，容易引发交际障碍或交际冲突。用顺应论来解释，这是低语境语言文化的交际者没有顺应高语境文化的语境，而导致交际冲突。

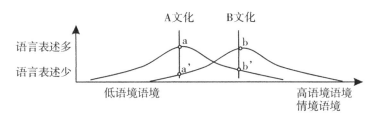

图 4　文化类型在高语境文化和低语境文化上的表现

在汉语交际这个高情境文化的语境中，交际者立足多元文化共存的背景开展面对面交际，为了实现顺利交际，交际者需要根据语境、场景、交际对象等多个变量灵活关联话语，从心理词库中选择恰当的话语成分顺应语境因素。只有做到语境因素和语言成分之间的双向顺应，才能实现成功交际。

二、研究方法

在具体的研究过程中，我们注重多种研究方法的结合。

1. 实证方法

本书自建多元文化背景下的汉语交际冲突多模态语料库，突出实证研究。选取实际生活中使用的真实案例，从第一手资料出发展开论证，充分描写语篇特征，全面记录话语、表意性发声、有声现象、体态语、字幕等多模态，真实反映言语交际冲突的全貌。我们立足大量语言事实进行考察，大胆预设，小心论证，通过"实践——理论——实践"的研究思路，坚持理论和实践相结合，让构拟的语言理论能够经得起语言事实的检验。

注重共时层面和历时层面的实证研究。在共时层面上，我们对《世界青年说》每一期节目的交际冲突进行搜集、转写、整理，进行描写和分类，在此基础上建构起多元文化背景下汉语交际冲突的理论体系；历时层面上，我们对《世界青年说》第一季 46 期节目进行了转写，跨度一年，有利于跟踪研究多元文化背景下汉语交际者的语篇特征。

2. 语料库语言学方法

本书采取语料库语言学研究方法，使用 Elan 自建多元文化背景下汉语交际冲突的多模态语料库，对《世界青年说》2016 年第一季 46 期节目中不顺利的交际现象进行了转写，对语言、有声现象、体态语、字幕等多模态全方位记录，尤其是其中的汉语对话，我们详细地进行转写，构建了一个约 30 万字的多元文化背景下的汉语交际冲突语料库。本书就是以此语料库为主要研究素材，对多人会话的言语交际冲突进行分析。

3. 分析归纳法

分析归纳法指导我们充分描写语言事实，真实、全面地记录汉语交际冲突的全貌，在此基础上，从具体案例出发，灵活运用多模态话语分析理论、跨文化交际学理论、汉语篇章理论等理论进行分析归纳和分类解释，系统考察多元文化背景下的汉语交际。

分析归纳法要将定量统计和定性分析相结合，对多元文化背景下汉语交际冲突的类型、表现、导因、对策、过程等相关问题进行分析归纳。将多种研究方法结合进行分析归纳，可以帮助我们探索言语交际冲突的规律。本书 30 万字的自建语料库保证定量取证，在此基础上应用相关语言学理论进行定性分析，通过演绎或归纳提出理论预设，通过自建语料库检索实例并借鉴文献资料进行验证。

4. 文献法

我们通过阅读学习国内外跨文化交际、言语交际冲突、话语分析等内容相关的文献资料，了解已有科研成果，为多元文化背景下汉语交际冲突研究提供理论支持和方法借鉴。以文献法为基础，结合实证方法、语料库语言学方法、分析归纳法等研究方法探索多元文化背景下汉语交际冲突这个新研究方向的系统理论。

第六节　语料问题

为了研究成果能真实、有效，反映当下多人多元语境下汉语交际冲突的言语生活，本书选择 2015 年 4 月至 2016 年 3 月江苏卫视多人谈话节目《世界青年说》，对第一季 46 期节目中的言语交际冲突作为语料进行转写。通过多媒体标注软件 ELAN 自建多人会话的多元文化背景下汉语交际冲突多模态语料库，共约 30 万字。

自建多模态语料的优点在于，贴近生活，真实反映当下多元文化背景下汉语交际的面貌，不仅可以分析动态交际中的语言，还能从非言语行为中获得信息。人类学家霍尔．爱德华提出，非言语行为在整个交际过程中占 65%，而言语表达只占 35%。非言语行为包括手势、表情、眼神、身体接触、调距、有声现象、表意性发声等副语言。毕继万（1998）指出："跨文化交际中研究非语言交际与文化之间的关系最为现实的意义是要解决非语言交际的文化冲突问题。"因此本书语料全面记录了会话语篇中的话语和非语言行为，并保留、标注了错序、错词、重复、缺失等失误或偏误。此外，电视节目作为大众传媒，后期制作和字幕添加对交际活动有解释、补充、修正的作用，我们也进行了转写和标注。

文章研究对象主要有 13 个国家的高级汉语习得者：美国的孟天、加拿大的詹姆斯、英国的布莱尔、德国的吴雨翔、意大利的罗密欧、澳大利亚的安龙、伊朗的普雅、俄罗斯的大卫、泰国的韩冰、韩国的韩东秀、哥斯达黎加的穆雷这 11 位常驻青年代表，日本的黑木真二、法国的宋博宁、安闹闹这 3 位实习青年代表，以及中国的多位主持人和嘉宾。

本书所有多人多元文化背景下的汉语交际冲突例句都来自自建语料库，为了更好展现交际冲突产生的过程，本书在语料上尽可能多地转写冲突性言语事件的全过程。言语交际冲突是一个连续过程，包括潜伏期、萌芽期、激化期、结束期，我们认为，应当对包括前、中、后期的整个冲突过程都进行考察。需要说明的是，论文所有例句均为汉语交际冲突的语料，因为例句篇幅有限，有的例句选自多元文化背景下汉语交际冲突过程的潜伏期或结束期，未能展现出交际冲突激化期的激烈对抗的状态。又由于学界认定的交际冲突是一个连续体，从冲突程度来看，从轻到重，是一个交际障碍、交际冲突、交际对抗的连续体。本书也会选取冲突程度较轻的交际障碍来解释说明某种语言现象。总之，只要是交际受阻的现象，我们都认为属于交际冲突研究范畴。

第一章　多元文化背景下的汉语交际的界定及其基本特点

我们从汉语交际的语言表现形式出发，考察多元文化背景对言语交际的影响。本章我们提出多元文化背景下汉语交际的概念、特点和交际模式。界定了"多元文化""多元文化交际""多元文化背景下汉语交际"的概念，指出多元文化背景下的汉语交际具有"异域特色"。概括归纳出多元文化背景下汉语交际的三个特点：时代性、冲突性、多元性。最后，描写建构了多元文化背景下汉语交际模式：单线交际；双线及多线交际。

第一节　多元文化与多元文化交际

什么是多元文化？本书"多元文化"特指现代汉语言语社区中多种语言文化共存的交际背景。多元文化碰撞会引起文化冲突，对汉语交际产生不解、误解、困惑等影响。本书所指"多元"不讨论方言和少数民族语言。

文化多元主义(Cultural Pluralism)又称"多元文化主义""多元文化论""多元文化政策"，有时也称"民族多元主义"，是同化主义和融合论影响下，美国等国家出现的一种民族和解理论。它主要指各民族间互谅互让，理解并相互尊重对方的意愿、风俗习惯及价值观念。哲学家 H. 卡伦 1915 年在《民主与坩埚》一文中，首次提出"文化多元主义"理论，把这样一个社会比喻为一个交响乐团，主张美国应该成为一个镶嵌着各种民族体的马赛克，"一个多民族组成的民族"，每个民族都保持其独特的品质，同时都为整体做出贡献(汝信，1988：916-917)。

　　多元文化涉及"民族""性别""社会风俗习惯""价值观""文化团体"等方面，"语言"也是不可缺失的一部分。"以加拿大魁北克省为例，由于法语和英语的语言冲突，联邦政府在 1963 年成立皇家双语与二元文化委员会，将"二元文化"的意思定为加拿大存在的以英语为基础和以法语为基础的两种主要文化"。(蓝仁哲，廖七一，冯光荣 1998：136)这是将"多元文化"中的"元"赋值为"语言"的有效例证。在此基础上，加拿大联邦政府于 1971 年宣布实行多元文化主义，以保存各社会群体的语言偏好，维持其文化传统。在这里，"元"仍然可以解读为"语言"。

　　由于多元文化涉及哲学、社会学、民族学、政治学等多门学科，关涉性别、民俗等不同方面，"元"可以有多种解释。笔者从语言学的视角对多元文化进行了重新界定。本书的研究对象来自中国和美国、英国、加拿大、澳大利亚、韩国、日本、泰国、伊朗、意大利、德国、法国、俄罗斯、哥斯达黎加这 14 个国家，我们有两个选择，一是将"元"定义为"国"，然而国家文化涉及文化、风俗、历史传统、社会结构等因素，十分复杂。而我们每一个国家的说话人也只有一到两位，如果用少数青年来代表一个国家的文化，不免以偏概全；第二个选择是将"元"赋值为"语"。这也是上文加拿大的"二元文化"和"多元文化"中"元"的释义。由于语言是文化的沉淀，它是民族精神结晶，赵世举(2015)指出"语言是文化的基因和活化石"，语言和文化休戚相关，因此通过语言表现来研究文化内在，就具有相当的科学性和可行性。

　　多元文化交际是多元文化背景下，交际者之间根据一定社交目的，通过不同载体和符号传递信息进行编码、解码、反馈的互动行为。尽管跨文化交际和多元文化交际常常通用，但二者侧重点不同，跨文化交际的侧重点是区分文化背景的不同，主要是对两种文化进行对比研究，贾玉新(1997：23)提出："跨文化交际是指不同文化背景的人们(信息发出者和信息接收者)之间的交际。"而本书的多元文化交际强调的是多语言文化共存背景下的交际。王治河(2005：141)主编《后现代主义词典》将多元文化主义定义为"所有的文化团体都应该是共存的"。本书研究的是多语言文化共存下，高级汉语习得者和汉语母语者之间的交际冲突，交际者来自 14 个国家(包括中国)。

第二节　多元文化背景下的汉语交际

"多元文化背景下的汉语交际"是以现代汉语为媒介语，有多语言文化背景的多国交际者之间(包括外国人之间、外国人和中国人之间、以外国人为交际对象的中国人之间)的言语交际。这种言语交际，往往会受到不同文化中的社会规范、价值取向、语言因素、跨文化因素等的影响。

多元文化背景下的汉语交际具有复杂性和不稳定性，文化认同在多元文化交际中具有重要作用。以汉语为第二语言的习得者在汉语言语社区进行交流，不仅受到母语文化的影响，也在习得汉语言的同时一定程度上接受了汉语文化，同时还要在交际过程中考虑其他国家交际者的语言文化情感。在汉语交际中，为了实现具体交际目的，多元文化交际者常常需要在多重文化身份中灵活选择，在多人交际过程中随时调整结盟关系。

多元文化背景下的汉语交际具有"异域特色"。以汉语为第二语言的习得者是多元文化背景下汉语交际的重要成员，受到母语因素、二语习得程度、个人因素等方面的影响，多元文化交际者所使用的汉语有时会有"瑕疵"，在口音、词汇、语法、语用、语篇上表现出"异域特色"。

第三节　多元文化背景下汉语交际的基本特点

"多元文化背景下的汉语交际"具有个性特点，也有共性特点。

"多元文化背景下的汉语交际"受到时代背景的影响，具有时代性。在全球化的时代背景下，多元文化共存对现代汉语言语社区带来强大冲击。文化差异、价值取向、社会规约的差异，都会反映在汉语交际中。多元文化对新时代、新形势下汉语言语社区的健康发展带来极大的挑战和机遇。挑战，即多元文化的差异会加剧汉语交际冲突；机遇，即多元文化的共存会增进交际者对彼此文化的了解，促进文化融合，加快汉语语言社区的健康发展。

"多元文化背景下的汉语交际"受到交际特征的影响，具有冲突性。陈国明（2009：31）从交际的特征出发指出，"跨文化沟通同时具备了异质性高与冲突性大两项特有的属性。异质性（Idiosycracy）是文化对团体分子在认知、信仰、态度、价值观等方面的影响，直接塑造了一组特殊的沟通形态。冲突性（Conflict）是共同分享的符号系统的萎缩，没有足够的共同符号可使用。"我们如果用关联理论来理解陈国明的"共同符号"，就是交际者没有找到语言符号同文化语境的最佳关联。

"多元文化背景下的汉语交际"受到文化的影响，具有多元性。"社会语言学家 Goodenough（1957）认为文化是人们为了使自己的活动方式被社会的其他成员所接受，所必须知晓和相信的一切组成。""文化即人们所思、所言（言语和非言语），所为、所觉的综合。"贾玉新（1997：17）因此，交际中的所言（话语和表意性发声），所为（体态语），所觉（会话含意）等，都是文化的表现。

我们认为，文化是国家语言的精神内核，国家语言体现国家文化。交际者在社会化过程中习得第一语言或第二语言的同时，也潜移默化地接受了该国家的历史文化、社会文化、精神文化，逐渐形成受国家文化影响的具有个人特色的思维模式、行为规范、价值取向，这都影响着言语交际。

多元文化背景下汉语交际的特点要求交际者综合把握时代性、冲突性、多元性的特点，拓展全球视野，增强跨文化交际意识，树立文化间性理念，进行汉语交际。以下案例具有启示意义。

（1）韩东秀$_1$："然后我们以前也有私塾，所以打孩子的时候，一般是手掌和小腿。"大卫$_1$突然问："那孔子到底是韩国的还是中国的？"韩东秀$_2$愣了，其他代表$_1$把眼睛睁得很大，表示吃惊，安龙$_1$起哄，身体后倾："oh!"韩东秀$_3$回应："我不知道这是从哪出来的一个胡说八道，｜①其他代表₂笑："哈哈。"｜然后百分之 99.99999 以上（用手势指点加强语气）的韩国人都会知道孔子是中国人，所以我现在在这个场合，代表整个韩国，就明明说，孔子是中国人。"其他代表₃："好!"一起鼓掌。

上例中，交际者要顺利完成交际必须具备多元文化背景知识。2005 年韩国"江陵端午祭"成功申请联合国教科文组织的"人类口头和非物质遗产代表作"，在中国引起极大关注和激起众多非议。此后，在中国网络上频频出现韩国争夺中国历史名人屈原、李白等籍贯的热议事件。

上例的交际冲突在表层上是俄罗斯人大卫对韩国人韩东秀发难的言语交际冲突，内核却是中国文化和韩国文化争夺传统节日"端午节"的文化冲突。

上例的冲突是这样的：孔子（目的语文化即汉语文化）——〉韩国的（其他语言文化）——〉中国的（目的语文化）——〉大家吃惊——〉孔子是中国人（目的语文化身份认同）——〉大家鼓掌（目的语文化身份认同）。

多元文化背景下的汉语交际，受到目的语文化即汉语文化以及其他语言文化的影响。俄罗斯人大卫问韩国人韩东秀："那孔子到底是韩国的还是中国的?"触发并激化交际冲突。"孔子""中国的"是目的语文化即汉语文化的冲突触发词②，"韩国的"是其他语言文化的冲突触发词，因为内容敏感，此例交际冲突一经触发就被激化，其他交际者用体态语"把眼睛睁得很大"表示吃惊，安龙₁调整调距"身体后倾"表示吃惊，安龙₁转换语码"oh!"填充交际空白以缓和冲突。按照话轮交替机制，话题相关的韩国交际者韩东秀立即表态："孔子是中国人。"韩东秀在他的母语文化和汉语目的语文化中做出文化身份的选择，认同目的语文化。其他代表也认同目的语文化，表示赞成。"其他代表₃：'好!'一起鼓掌。"

---

①　"｜"表示插话或打断，"｜……｜"表示话语重叠。

②　"冲突触发词"是笔者用来描述交际冲突过程中，冲突从"潜伏期"进入"萌芽期"或"激化期"的语言标识。

以话语行为理论来分析，上述言语事件可以分成三层。第一层是言内行为，这是以言表意，体现在大卫₁的话语中："那孔子到底是韩国的还是中国的？"第二层是言外行为，用字面意义表达说话人的真实意图，当上一话轮的说话人韩东秀谈到私塾时，接话人大卫根据关联原则将话语"私塾"和历史文化背景"中国古代创立私塾的大教育家孔子"相关联，又关联了社会文化背景"网络上沸沸扬扬的中韩名人争夺事件"，借助字面意义来表达自己的真实意图，即质问韩东秀："网上流传韩国人说孔子是韩国人，你怎么看这个事件？"第三层是言后行为，是言语对听者的影响和产生的效果，大卫提出的话题属于国际敏感话题，从言后行为来看，造成交际冲突和紧张的交际氛围，听话人一般采用非言语行为进行反馈，也有人通过感叹词表达感情，例如"其他青年代表都很吃惊，有的人瞪大眼睛，澳大利亚的安龙惊呼：'Oh！'"从冲突交际者来看，"韩东秀愣了"，交际冲突带来交际压力，促使韩东秀₃立刻解释，澄清误会。

因此，在多元文化背景下汉语交际中，交际者需要具备全球视野，对多元文化背景下汉语交际的特点有清醒认识，灵活调整自己的文化身份，才能实现顺利交际。

第四节　多元文化背景下汉语交际的模式

多元文化背景下的汉语交际并不是个单一的话语模式，有着复杂的情况，现有的人际交际理论并不能予以充分的解释。我们将从考察多元文化交际的具体模式入手，来探讨交际冲突类型。

关于言语交际模式，有不同的看法。拉斯韦尔（Harold D. Lasswell）率先提出的五 W 模式是最早最广为人知的，即：谁（who）——说了什么（says what）——通过什么渠道（in which channel）——对谁（to whom）——取得了什么效果（with what effects）？"

1949 年，在拉斯韦尔五 W 模式基础上，数学家香农（Claude Shannon）及助手韦弗提出了修正模式，在渠道中加入了"噪音"，旨在明示交际中发出的信息和接收到的信息可能受到干扰而不一致。传播学集大成者威尔伯·施拉姆(Wilbur Schramm)提出交际的环式模式十分经典,即交际者在解码、阐释、编码、传递、接收时,形成一种环形的、相互影响的和不断反馈的过程(关世杰 1995:28)。

施拉姆传播模式应用于一对一人际交际模式、一对一跨文化交际模式,有很好的解释力,然而这种理想的封闭式的双人交际模式对多人多元文化背景下的言语交际冲突缺乏解释力。日常交际离不开多人人际交流,交际信息的编码、解码,不只是在固定的两个交际者之间传递,只要是在场的相关交际者,对谈论话题有发言意向的听话人,都可能参与其中,多人会话中交际对象、参与人数、交际模式具有选择性、变异性和多维性,交际冲突现象十分常见。关注多人多元文化交际现象,考察其运作的模式、表现,探讨化解冲突的策略,具有重要意义。根据同一语场中单位时间内话题的数量及其相关性,我们认为多元文化交际模式可分成单线交际和双线及多线交际。

一、多元文化交际单线模式

多元文化交际单线模式是指,同一语场的单位时间内,多人对一个话题或一组前后相关话题链进行讨论的交际模式。多元文化单线交际模式又可依据交际者的作用划分为主导型和交替型。

1. 主导型

主导型表现为,话题①的开始、保持、维护、结束基本上由固定的交际者主导,而其他交际者对话题进行询问、附和、补充。通常,这种模式的形成同交际者权力差距大、交际目的性强、内容相关度高、话题和场合正式等因素相关。

我们可以用图 5 来表示:

① 本书的话题指语篇话题,即语篇的主题或主要思想。

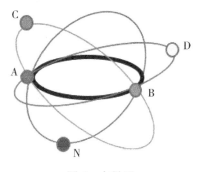

图 5　主导型

　　如图 5 所示，话题的主导交际者处于中心地位，假设有交际者 A 和 B，他们之间信息的解码、阐释、编码、传递、接收这个环式模式构成多元文化交际的主导模式，我们用加粗的环形 AB 来表示。一个话题可以延伸出 N 个分话题，在场的其他交际者 C、D……N 出于立场、兴趣、相关性等考虑，会相继加入会话，围绕主环式模式形成 ACB 环式模式、ADB 环式模式、ANB 环式模式等不断延伸的分环式模式。主环式模式和分环式模式的整体一起构成了完整话题的交际互动。

　　(2)沈凌₁："我觉得这样，接下来我们做一个，互相撕掉对方假面具的一个行为，所以接下来这个环节叫做，谁是 TK11 里面最容易发火的人。|大家₁笑。|经过 TK11 事先的投票，我们已经决出人气的前三名。首先我们来公布，获得 TK11 火星人排行榜第三名的这位，|孟天₁一直在敲动手指。|他是一个耐不住寂寞的精灵，无法忍受一切空虚乏味的无意义时间，他有着最奇葩的生气方式，他是 TK11 当之无愧的爱生气鬼。"彭宇₁："让我们揭晓他的名字。"沈凌₂(嘴巴张很大，停顿，制造紧张感)："孟天。"大家₂鼓掌。孟天₂站起来双手抱拳，表示感谢。沈凌₃示意："投他票的其中之一，来自加拿大的 James，说……"詹姆斯₁摸了摸领带，嘴巴张开，沉默了一会，开始说："每一次开会，开会过可能三分钟时间，他已经开始看他的手表，我们结束了吗? 下一个话题吗，下一个话题。可以加钱吗，可以加钱

吗？我们已经过了十分钟的时间了。|大家$_3$哈哈笑。|还有一个事情，每一次一个人说话嘛，他会直接地讽刺他们说话的方式。"詹姆斯$_2$同时模仿孟天挤眉弄眼。大家$_4$哈哈笑。沈凌$_4$问："他不出声，只是表情是吗？"詹姆斯$_3$："对。"孟天$_3$："我不觉得这是发脾气啊。这个就是好玩啊，调整气氛。"詹姆斯$_4$："那这是可爱地发脾气嘛，可爱地发脾气。"彭宇$_2$和沈凌$_5$同时说："好，接下来"，彭宇$_3$闭嘴退出话轮，沈凌$_6$："我们揭晓获得第二名的 TK11 成员……"

上例中沈凌和孟天构成了主导环式模式，如图 5 中的 A—B；詹姆斯和孟天的分辩，如图 5 中 B—C；沈凌对詹姆斯的引导，如图 5 中的 A—C；彭宇对沈凌的配合，如图 5 中的 A—D，它们属于分环式模式，主环式模式与分环式模式有机整合，形成主导模式的完整交际模式。

沈凌能取得交际主导地位，是因为在中国文化中他作为主持人与其他青年代表具有较大权力差距；而孟天作为青年代表也能取得交际主导地位，这是因为话题和他相关，即内容相关性高；上例的话题集中，具有明确的交际目的，即交际目的性强；交际话题模拟颁奖，场合正式。

根据交际发展的动态过程，围绕主环式模式沈凌$_1$—孟天$_1$，孟天$_2$—沈凌$_4$—孟天$_3$，其他交际者进行附和，如大家$_{1,2,3,4}$，或进行补充，如詹姆斯$_{1,2,3,4}$，形成动态交际过程。

话题的提出：沈凌$_1$—大家$_1$—孟天$_1$—彭宇$_1$—沈凌$_2$—大家$_2$

话题的展开：孟天$_2$—沈凌$_3$—詹姆斯$_1$—大家$_3$—詹姆斯$_2$—沈凌$_4$—詹姆斯$_3$—孟天$_3$—詹姆斯$_4$

话题的转移：彭宇$_2$|沈凌$_5$—彭宇$_3$—沈凌$_6$。

主持人沈凌在这里提出、引导和转移话题，是话题"TK11 火星人排行榜第三名"的主导者。青年代表詹姆斯$_{1,2}$在沈凌的引导下，提出论据，他的发言推动了冲突发展，是冲突的参与者。主持人彭宇$_1$协助沈凌展开话题，在和沈凌发生话语重叠时，主动退出话语权的争夺，维护交际秩序。其他青年代表(即大家)通过笑的表意性发声来进行反馈，缓和紧张的交际气氛。

2. 交替型

交替型表现为，没有主导说话人，话语权在多个交际者之间自由传递，任意交际者都能发起、展开、转移或重新提取被折叠的话题。这种模式的形成同权力差距小，交际目的强，话题轻松场合随意等因素相关。我们用图 6 来表示：

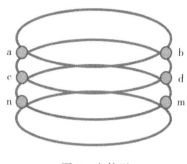

图 6　交替型

如图 6 所示，有多个交际者 a、b、c、d、n、m，对某个话题自由接话，话题由一层层分话题嵌套展开，话语权不被特定的一个或几个交际者掌控，而是在不同的会话者之间交替转移，如：ab—acd—cnmn—……其中，每一个分话题与前后分话题环环相扣，如分话题 acdb 就是由前分话题 ab 发展而来，并转移到前分话题 cnmd。如果交际需要，还可以提取已经折叠的分话题，如 ab—acd—cnm—da—……就是提取了前面已经折叠的交际者"da"讨论过的分话题。

(3)何炅₁："我在这里投反对票的意思，不是因为他三十几岁了，我已经四十几岁了，我还是可以去做梦，任何一个年龄都是可以做梦的，但是以这位观众，他的提案来讲，他三十几岁，有妻有子，生活平顺，就意味着他其实对于幸福的定义有他自己现阶段的一个非常非

常周全的一个考量，那么这样的个性和生活品质的人，我觉得是要慎重去做大的改变。"韩冰₁："如果我为了追求你的梦想，你把所有一切你的责任放在这边，拜拜，噗啊(做一个用手大力拂开的动作)，那肯定不行。"|詹姆斯₁插话："对，我特别赞同你的这个看法。"|韩冰₂打断："所以关于追求梦想，无论如何，你哪个年龄都可以，你不要吃父母的肉，|何炅₂皱眉。字幕：比喻怪怪的。|你不要吃妻子(缺省"的肉")，你不要吃孩子的肉。韩冰₃："如果你追求梦想，但是你可以照顾他们好(偏误)，追求吧。但是……"|何炅₃插话："韩冰说得我好想吃肉哦！"|大家₁哈哈笑。韩冰₄："你知道吗？我是一个吃货的。"詹姆斯₂："对，我真的很赞同，而且你提到这个问题的时候，我没有听到有妻有子，因为其实我觉得这个事情非常地重要，所以我会改我这个的票。因为我觉得你有孩子，你有老婆之后，你梦想很大的一个部分，应该是你的家庭，|罗密欧₁："对。"|你不能放弃他们，这是不可能的。"大卫₁："没错，小孩子小的时候，你必须得给他一个美好的童年，你不能拿他这个年龄去开玩笑。因为孩子长大之后，他的童年弥补不了的，永远弥补不了的。"孟天₁反对："什么叫一个美好的童年，你怎么定义一个美好的童年，就是你天天在家陪他，还是看着他爸爸像一个英雄一样去完成他的梦想，|大卫₂想反驳："我觉得……"|孟天₂抢回话语权："我觉得这个是最重要，我觉得要是，包括我的爱人，要是真的爱我，她肯定也支持我，她肯定也愿意跟着我吃苦，让我们过得更好。"彭宇₁："有一个很著名的一个，一位导演叫李安，他在成为一个著名的导演之前，其实很长时间是靠他的妻子在帮助他的，到最后，他成功的那一刻，事实上我觉得，当他站在那个华丽的舞台上面，他其实，坐在台下他的太太，可能感受的那种荣誉，可能比他更大。对吧，因为她会觉得我的这个男人是一个英雄，而我在支持他。我是他背后的这个支撑他的英雄，其实那个时候，这个梦想已经不是他一个人的了，它是这个家庭的。"穆雷₁："你已经成家了，你去追求梦想，你的家庭不是你的一个负担，而变成了你的动

力。"何炅[4]："不是说抛弃家庭去追梦，但有的时候，追梦的代价，你就要全力以赴，这个过程当中，有可能真的会把家庭，比如说妻子的陪伴，孩子的这种陪伴，真的有可能就要舍弃了。"沈凌[1]："那这样，我们暂时把有孩子、有老婆这个事情暂时先放下，我们先讲一个实在的，选择梦想跟现实状况的一个抉择问题，韩东秀，据我所知，他其实得到韩国一家非常知名企业的一个工作岗位的邀约了，但是他现在面临有一个选择，他很喜欢《世界青年说》，很珍惜跟大家在一起工作的机会，但是如果他选择回到韩国，去那家企业就职的话，代表说他要选择放弃《世界青年说》|穆雷[2]插话："啊，要放弃我们了。"孟天[2]和布莱尔[1]惊叹："啊？"|"做韩国代表的位置。"何炅[5]："东秀是真的，这是真的事，是吗？"韩东秀[1]："是真的事……"

上例的话题是"追梦"，第一个分话题是"有家庭的中年人要不要追梦"，何炅、韩冰、詹姆斯、罗密欧、大卫反对追梦，他们认为有家庭的中年人要以家庭为主，不要盲目追梦。而孟天、彭宇、穆雷支持追梦，他们认为家庭应该是中年人追梦的动力和支柱，而不是负担。第二个分话题是"韩东秀要不要追梦"。

如图6所示，有多个交际者何炅、韩冰、詹姆斯、罗密欧、大卫、孟天、彭宇、穆雷对话题自由接话，围绕话题"追梦"有两个分话题展开，多元文化的交际者交替发言，如：

反对追梦：何炅[1]—韩冰[1]—|詹姆斯[1]|—韩冰[2,3]—詹姆斯[2]—|罗密欧[1]|—大卫[1]

支持追梦：孟天[1]—|大卫[2]|—孟天[2]—彭宇[1]—穆雷[1]—何炅[4]

现实追梦问题：沈凌[1]—|穆雷[2]—孟天[1]—布莱尔[1]—|何炅[5]—韩东秀[1]

上例中几个分话题与话题"追梦"环环相扣，如分话题"韩东秀的现实追梦问题"就是由前分话题"反对追梦"和"支持追梦"发展而来，如图 6 中，分话题 acdb 由前分话题 ab 发展而来。又如，图 6 中交际者"d"不承接交际者"c"所述内容，而是提取已经折叠的交际者"a"所说的分话题，在上例也有展现，根据交际需要，詹姆斯$_2$的发言提取了何炅$_1$已经折叠的分话题中的论据"有妻有子"，并表示据此改变了自己之前"支持追梦"的论点，赞成"反对追梦"的论点。

二、多元文化交际双线和多线模式

多元文化交际双线和多线模式是，同一语场的单位时间内，多人同时在两个话题或多个前后相关话题链之间切换。多个交际者对同一话题有多样化的观点，因为不同的交际者对不同的话题、交际对象的交谈兴趣不同，多元文化交际中权力中心的多极化，以及多元文化背景产生的文化距离或空间距离等，都可能导致双线或多线的独立话题在一个语境下同时进行。值得注意的是，因为同在一个语境下，发言者可以自由参与多个话题Ⅰ、Ⅱ……，如 An 在Ⅰ话题中发言，Am 在Ⅱ话题中发言，同一场景下交际者可以在不同话题间自由跳转。如图 7 所示为多元文化交际双线模式：

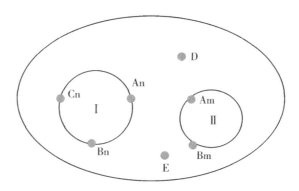

图 7 多元文化交际双线模式

如图 7 所示，最外的大圈表示处于同一个语境下，里面的两个 $A_nB_nC_n$ 和 A_mB_m两个环式模型则表示两个独立的话题Ⅰ和Ⅱ。D、E……则是同一语境下的听话人。交际者可以自由参与话题，如 A、B 参与了话题Ⅰ和Ⅱ，C 参与了话题Ⅰ，交际者还可以观望而不使用话语加入任何话题，如 D、E。

例（3）中同一个语境下的话题是"追梦"，在交际者交替辩论中，何炅$_2$对韩冰$_2$用"吃肉"比喻"啃老等靠家人供养的行为"的表达方式不赞成，为了照顾韩冰的正面面子，何炅$_2$用体态语"皱眉"来提示韩冰$_2$，发起新话题"韩冰用词不当"，但是韩冰没有意识到自己用词问题，在说出"你不要吃父母的肉"之后，忽视何炅$_2$皱眉的体态语，他继续发言："你不要吃妻子（缺省'的肉'），你不要吃孩子的肉。"由于这样的表达不符合汉语的语用习惯，汉语母语者何炅为了保障正确的汉语表达，同时也为了照顾韩冰的面子，何炅$_3$没有直接指出韩冰用词不当，何炅$_3$插话"韩冰说得我好想吃肉"，他希望用委婉的方式引导韩冰进行自我修正，但韩冰$_4$没能根据语境中何炅$_2$皱眉的体态语和何炅$_3$打断的话语行为，结合何炅$_3$的语言成分找到最佳关联，没能推测出何炅的言外行为。韩冰$_4$根据何炅$_3$的言内行为"想吃肉"离开话题"追梦"参与新话题，附和何炅$_3$"我是一个吃货"，其他听话人可以在话题Ⅰ"追梦"和话题Ⅱ"吃肉"自由选择，詹姆斯$_2$他没有继续何炅$_3$和韩冰$_4$的话题Ⅱ，而是选择了话题Ⅰ。这是多元文化交际的双线模式。

多元文化背景下汉语交际模式的建立有助于交际者提高多元文化背景下言语交际的理论认识，提升多元文化交际能力，更好应对多元文化背景下的交际冲突，这一研究成果对指导多元文化背景下汉语交际的健康发展具有重要现实意义。

第二章 多元文化背景下汉语交际冲突的产生及其类型

多元文化背景下，交际者在现代汉语语境中，受社会规范、价值取向、文化影响、语言能力、思维特点等差异影响，交际者之间容易产生相互不对接、不理解、矛盾的对立情绪，在言语事件上表现为异议、争论、争吵、反对、反驳，在言语行为上表现不同意、不支持、反对。汉语交际冲突影响交际目的顺利实现，甚至造成人际交恶的不良影响。

第一节 多元文化背景下汉语交际冲突

"多元文化背景下汉语交际冲突"指，以现代汉语为交际语言，在汉语言文化语境中，有多语言文化背景的多国交际者之间（包括外国人之间、外国人和中国人之间、以外国人为交际对象的中国人之间）以汉语为媒介语进行交际时出现的交际受阻现象。

我们采用了 Gilbert(1979：3)对话语冲突(argument)的定义："any disagreement—from the most polite discussion to the loudest brawl。"赵永青(2013：17)指出，国外学界仍趋向于使用"conflict talk"，而国内也趋向于使用"冲突性话语"作为术语来统称从基本没有冲突的冲突性话语到冲突激烈的冲突性话语。因此本书用言语交际冲突概指交际障碍、交际冲突、交际对抗等不同跨度、不同程度的对立，即 Gilbert (1979)所说的"争论的激烈程度是连续体"。

人们更倾向用文化认同来区分彼此，这意味着文化社群之间的冲突研究越来越重要。申小龙（1993：54）谈道："不同民族的语言棱镜所折射的世界是很不相同的，那些差异之点往往反映出不同民族看待世界的不同样式。"多元文化背景下汉语交际过程中，交际者可能会因为文化定势错误地推断出语言成分和文化语境之间的"最大关联"，导致交际冲突。

多元文化背景下，从程度较轻的交际障碍、到程度加重的交际冲突、再到尖锐对立的交际对抗的整个连续体，都是多元文化背景下汉语交际冲突的研究范畴。

汉语言文化和其他语言文化在社会规范、价值取向、文化定势、语言能力、思维方式等方面存在差异，具备多元语言文化背景的多国交际者之间人际交往不顺利，会出现言语交际冲突和非言语冲突。

多人多元文化背景下的言语交际冲突，实际上是来自不同语言文化背景的多个交际者进行面对面交际时，预设不同文化之间存在最大关联，交际者依照本国语言文化去推断最佳关联，却因不同文化共享内容的缺失而从语境信息中做出错误关联，导致交际受阻或失败。

第二节　多元文化背景下汉语交际冲突的过程

我们认为，交际冲突是动态交互中的一个连续体，多元文化背景下的汉语交际冲突呈现出"潜伏期""萌芽期""激化期""结束期"的动态过程，我们称之为交际冲突"四阶段"，即：

潜伏期——→萌芽期——→激化期——→结束期。

交际冲突"四阶段"的认定与划分有两个主要依据，一是依据认知体验。生活常识(人的百科知识)能够帮助我们判断交际双方何时出现交际不和谐(或者交际障碍)，之前为交际冲突的潜伏期。出现不和谐但冲突轻微，我们称之为冲突的萌芽期。交际冲突全面爆发，我们称之为冲突的激化期。交际缓和直至结束，我们称之为冲突的结束期。二是依据语篇特征。从语篇来看，潜伏期的语言与其他类型的交际起始阶段的语言并无区别，但这个阶段的语言往往限定了交际的话题或角度，因此追溯起来，潜伏期提供的话题与角度是导致后续冲突的原因。萌芽期的语篇则会出现交际的不和谐音，例如有第三者介入、话语重复、应对不及时、有声现象的使用等特点。激化期，语篇上不仅出现话轮推进快，而且会伴有大量的情感因素，如语气词增多、使用反问句、使用侮辱性的词语等。有时会出现话语重叠的语篇特征。结束期阶段，冲突的语篇则会出现较多的话语标记，用于劝解、进一步解释、固执己见、分享背景信息等。交际冲突四阶段是交际冲突表现的总体考察，有时受交际因素的影响，交际冲突会有不同的阶段表现，如还没完全到达"激化期"，交际冲突就结束了，即只有"潜伏期——萌芽期——结束期"。

一、冲突的潜伏期

冲突在被感知前处于潜伏期。多元文化背景下的汉语交际，具有时代性、冲突性、多元性的特点，这增加了汉语交际冲突的可能性。在冲突的潜伏期，冲突因素潜伏在交际者的潜意识层面，还没有在认知层面被交际者感知，没有带来负面因素，也没有在语言层面由言语表现出来，还未出现冲突性话语。这种冲突的概念是如何被感知的呢？常常是在冲突萌芽或触发后，反推出来的，需要交际者依据认知体验，从语境的社会背景，交际者的言语冲突行为和副语言，交际者的认知心理等多方面进行关联。

从冲突因素看，汉语交际冲突不仅有来自个人层面的冲突，例如价值观、行为规范、语言、文化、性别、年龄、社会关系等的差异，也包括历时层面、国家层面的冲突，例如国际政治关系、古代和近现代的历史渊源等。这些差异因素提供了言语冲突的话题。

(4)宋博宁："不好意思，我对这个排行榜提出质疑，你看都是英美澳，都是那个 | 有人同时强调：'说英语的。' | 说英语的国家。"

"不好意思""你看"作为话语标记，提示交际冲突从潜伏期进入激化期，之前是潜伏期。法国人宋博宁对强势语言英语一直存在抵触情绪，但是这种冲突一直潜伏在宋博宁的潜意识层面，在"排行榜"冲突性言语事件发生前，英语和法语的语言差异处于冲突的潜伏期，它还没有在语言层面显示出来，也没有引起交际者之间的负面情绪。

（5）大卫："我有一次被他（指代穆雷）骂，就是我们一起喝酒的时候，我不（音高增高，语速放慢）小心，不小心把那个啤酒打翻了，然后这啤酒溅到他身上，他立马就，（大卫突然站起来，表演激动地骂人的样子）。"

"有一次"作为话语标记提示在"交际冲突事件"前，交际冲突处于潜伏期。大卫和穆雷之间存在行为规范的差异，但是在上例出现非言语冲突和言语冲突之前，这种差异没有显露出来，处于潜伏期。

（6）普雅："我有一个疑问，我想麻烦你给我解释一下，你们美国人怎么那么喜欢，当每个领域的主人，｜柳岩："呵呵。"｜然后为什么那么爱管别人的事情？"罗密欧很吃惊普雅问出了跟政治相关的问题，瞪眼左看右看。安龙双手交叉，吃惊地喊出来："哦！"其他人只是做了一个哦的嘴型，但是没有喊出声来，因为涉及很敏感的政治问题。

"我有一个疑问"，"麻烦你给我解释一下"作为话语标记标志着交际冲突从潜伏期进入激化期，之前是潜伏期。伊朗受到美国的经济制裁，两国存在政治立场的冲突，但是伊朗人普雅和美国人孟天一直维持着良好的人际关系，直到第 32 期节目中，普雅突然就政治问题对孟天发难。在 32 期节目前，普雅和孟天的政治理念冲突处于潜伏期。

（7）沈凌$_1$："我们来介绍这位新生代的演员代表，童苡萱，有请。"柳岩$_1$上去欢迎并拥抱她。童苡萱$_1$："柳岩姐好。"……童苡萱$_2$："我觉得我跟柳岩姐：：还挺有缘的，｜柳岩$_2$："嗯。"｜因为上次我们

台里一起录的《非常了得》。你还记得我啊？（双手托着下巴）"柳岩₃:
"记得记得。"童苡萱₃:"真:::的吗?"（字幕：小心询问）柳岩₄（眯眼、
把头转向另外一边）:"因为你们的戏老火了。"童苡萱₄突然走到柳岩
身边半蹲着:"真的好开心。"沈凌₂看着彭宇:"是我听错了吗？她好
像刚才叫她柳岩姐姐。｜彭宇₁挑眉同时说:"姐姐。"｜（字幕：三姑六
婆。）沈凌₃:"这不是暗中插了一刀吗?"柳岩₅低头笑。彭宇₂:"然后
还是把别人说的很亲密的，插一刀。"柳岩₆不好意思地拿了桌上的 A4
纸资料挡住自己的脸。童苡萱₅笑着撒娇地插话:"什么意思啊?"沈
凌₄:"对，柳岩姐姐，（手里比划拿了一把刀筒彭宇的胸口），噗呲，
插一刀。"彭宇₃:"这，像这样的说话有两种目的。第一个就是，你看
我都叫你姐姐了，你老了。"（字幕：无聊，深度剖析）沈凌₅:"对。"
彭宇₄:"第二个就是，我都叫你姐姐了，你能不照顾我吗?"沈凌₆:
"对诶。"彭宇₅:"对吗?"沈凌₇:"如果我叫你姐姐，我翻脸，你好意
思吗?"柳岩₇:"不行不行，我跟你讲，我很忌讳别人叫我姐的。｜童
苡萱₆面无表情:"哦。"｜尤其是女演员，尤其是从外形看呢，其实看
不出太大年龄差的时候，如果对方叫我姐姐，我很介意的。"童苡萱₇
眼睛看柳岩的反方向笑。（字幕：出大事了。）

上例中，"童苡萱₁:'柳岩姐好。'"标志着交际冲突从潜伏期进入萌芽
期，之前是潜伏期。女嘉宾童苡萱和女主持人柳岩之间潜伏着年龄的个体
差异，柳岩年长有资历，童苡萱年轻资历浅，她们之间的个体差异事实存
在。交际者童苡萱没有刻意强调两人的年龄差异前，这种个体差异不易被
其他交际者感知，交际者之间还没有产生负面情感，是冲突的潜伏期。

二、冲突的萌芽期

随着言语交际深入，交际者之间共享信息的增加，冲突因素会在认知
层面被交际者感知到，对交际者产生负面影响。在多元文化交际中，交际
者在价值取向、社会规范、语言能力、跨文化意识等方面差异的影响，对

不同的话题或事件有不同的观点，交际冲突萌芽。此时的言语交际冲突非常微妙，若隐若现，交际者开始产生负面情绪，但是还没有出现交际者之间的正面言语冲突，这是冲突萌芽期的表现。

说话人违背礼貌原则、威胁他人面子的言行常常是交际冲突的导火索。例(7)中"童苡萱₁：'柳岩姐好。'童苡萱₂：'我觉得我跟柳岩姐::还挺有缘的。'"童苡萱₂多次用"姐"称呼"柳岩"，并通过"姐::"语音的延长来强调女明星柳岩年纪大，违背了礼貌原则的赞誉准则。话语重复和有声现象的使用，使个体差异被柳岩和其他听话人感知到，冲突进入萌芽期。

(8)詹姆斯₁："吴雨翔，在加拿大是一样的，但是我也自己体验过做宅男这个事情，我上大学的时候，第二年级和第三年级的时候，我就发现了，我想考虑很多哲学的事情，所以我会在家里吸收很多的内容，Aristotle、Socrates"|布莱尔₁打断他的话，同时说："你考虑应该给哪个美女打电话。"|詹姆斯₂："不是，不是。"然后继续说，"Aristotle、Socrates、Emmanuel Kant就这种类型的内容。"|罗密欧₁插话，补充知识："呃，古希腊古罗马的那个哲学家。"|詹姆斯₃："但是我发现，女孩还是喜欢我，因为我不是那么邋遢嘛。"看不惯詹姆斯自夸的安龙₁快速接话："因为你很帅。"同时做呕吐的表情。(字幕显示：一语道破天机。)大屏幕对比了安龙₂吐槽的表情和詹姆斯₄尴尬地笑的表情。彭宇₁："我发现是这样啊，我们每一期，不同的主题，詹姆斯总是会找出一些东西啊，他其实是为了表扬自己，然后接着这个话题特别接近地表扬了自己。"大家₁笑。

上例中，布莱尔₁打断詹姆斯的话语手段是冲突从潜伏期进入萌芽期的标志，打断之后是冲突的萌芽期。詹姆斯₁大段话语的自夸，使得听话人感知到个体容貌差异并产生了抵触的负面情绪。

(9)普雅₁："因为每个人有自己的强项，我肯定在某一个方面，比对方做得更好。举一个非常简单的例子，比如说我和 James。（詹姆斯[1]眼睛瞪得很大。）James 他是来自加拿大（声调上升）的一个土豪，（詹姆斯[2]笑着把两手向两边摊开），他在加拿大（声调上升）有一个很小小小（普雅[2]用两只手比划很大）的小屋，（肢体语言和话语不匹配，表示反讽），虽然我现在没有这个小屋，但是呢，我在学习方面，做得比，肯定比 James 做得更好。"詹姆斯[3]感觉受到了很大的侮辱，身体前倾，双手撑着桌面，嘴里抗议："哇哦！"他两旁的人[1]赶快用手拍詹姆斯的肩膀，意思是息怒。（屏幕出现枪洞，意思是詹姆斯受到严重的攻击。同时在詹姆斯的头上 P 了火。）詹姆斯[4]生气地去开矿泉水，并且把矿泉水盖子丢向了普雅。"普雅[3]笑："哈哈哈。"大家起哄。

上例中，话语标记"举一个……例子"，"比如说"标志着交际冲突从潜伏期进入萌芽期，之后是萌芽期。普雅[1]为了证明自己的论点，"我在某一个方面比对方做得更好"，他准备以自己和詹姆斯作为论据，"举一个非常简单的例子，比如说我和 James"。根据语篇连贯和关联原则，可以推测普雅接下来要讲詹姆斯的缺点，詹姆斯感知到两者的个体差异并产生了负面情绪。从詹姆斯[1]的体态语"眼睛瞪得很大"可以看出普雅[1]的发言让他产生了警惕和戒备的心理。

言语交际冲突的萌芽能够从说话人的话语或非言语行为中推测出来，此时，冲突另一方还没有在话语上进行负面的、对抗性的回应，负面情绪主要发生在交际者认知层面，这是一种冲突萌芽的微妙状态。

三、冲突的激化期

冲突萌芽后交际者的负面情绪持续发酵，认知层面萌芽的冲突在语言层外显，表现为冲突方之间不合作、相对抗的话语或非言语行为，交际冲突触发。交际冲突的激化是冲突双方或多方的直接对抗，是交际冲突产生过程中程度最严重、负面影响最大的阶段。由于冲突的激化不利于人际关系和谐，威胁交际秩序，因此交际者会有意识地避免冲突的激化，即不是所有的交际冲突都有激化期。此外，有些事态严重的交际冲突一经触发就激化了，因此，我们把冲突的触发和激化看作一个阶段。

例(7)中话语标记"不行不行"，"我跟你讲"标志着交际冲突从触发期进入激化期。沈凌$_2$—彭宇$_1$—沈凌$_3$，一唱一和的旁敲侧击让冲突在语言层面外显，沈凌$_2$"是我听错了吗？她好像刚才叫她柳岩姐姐"的发言直接触发了童苡萱和柳岩间的交际冲突。随后"彭宇$_2$——沈凌$_4$——彭宇$_3$——沈凌$_5$—彭宇$_4$—沈凌$_6$—彭宇$_5$—沈凌$_7$"相互配合使得柳岩的负面情绪持续增加，累积到一定程度，柳岩$_7$当面反驳"不行不行，我跟你讲，我很忌讳别人叫我姐的"，交际冲突激化。

例(8)中詹姆斯$_1$的自我夸耀引起听众的不满，布莱尔$_1$打断这个话语手段是交际冲突萌芽的标志，是听话人的不满情绪的在语言层面的发泄，触发了冲突，随后安龙1"因为你很帅"的话语和呕吐的体态语激化了交际冲突。

例(9)中话语标记"但是呢"是冲突激化期的标志。普雅$_1$用有声现象的语调上扬对"加拿大""土豪"进行强调，他转述詹姆斯的话"小小小的小屋"的同时使用相悖的体态语"两手打开很大"来传达会话含意"詹姆斯是爱炫耀的土豪"。普雅从语言层面表达了对詹姆斯炫富的不满情绪，触发了交际冲突。普雅$_1$随后的话语"但是呢，我在学习方面，做得比，肯定比James做得更好"违背了礼貌原则的赞誉准则，损坏了詹姆斯的面子，直接激化了矛盾。这导致詹姆斯的负面情绪激增，他使用调距"身体前倾"和体态语"双手撑着桌面"，配合拟声词"哇哦！"强烈抗议。

交际冲突的激化有几种表现：

首先，交际冲突的激化可以表现为话语重叠，多个冲突方各执己见，谁也说服不了谁。我们在第三章第一节做了专门论述；

其次，交际冲突的激化可以表现为人身攻击的话语或非言语行为，冲突方不是驳斥对方论点而是进行人身攻击。交际者使用侮辱、抹黑、贬低对方的话语，或通过调距、体态语等副语言进行挑衅，言语交际冲突激化。例如：

（10）孟天₁："这个，但是，宋博宁，其实我后面想了一下，就是有点像你家里面，你突然发现有个老鼠在里面，你肯定第一个反应就，（身体后退）啊！恶心。这么这样？｜韩东秀₁呵呵干笑，罗密欧₁做了一个 O 的嘴型，挑眉毛。｜但是你第二次、第三次看到那个老鼠之后，你会觉得其实他还有点小可爱什么的。觉得，也还行。｜宋博宁₁把头低下去。｜所以现在我感觉我们的感情越来越好了。"（孟天₂拍拍宋博宁的肩膀）宋博宁₂："我跟你们说吧，（字幕：谁跟你感情好！）其实一个人呢，他去辩论的话，他开始人身攻击的话，可能是因为没有 argument，（字幕：无论点可辩），｜孟天₃看着上方，口张开，字幕：我就是这么淘气的男子！｜所以呢，你说我像老鼠什么的，这个是｜孟天₄开始同时反驳："没有，没有，你老鼠……"｜人身攻击，知道吧。"孟天₅低头，两个手掌贴在胸前的桌面上："但是我想说，我，我，最终想说的，就是因为美国和法国的关系是蛮不错的，对吧。｜宋博宁₃撅着嘴巴重重地点头。｜我也希望像你辩论的时候，打不过对方，我们美国像历史以来一样，会救你们，好不好？（孟天₆又摸了摸宋博宁）"宋博宁₄歪着头："没问题啊。"孟天₇伸出手来，宋博宁₅跟他握手。

上例中，侮辱性的词语"老鼠"标志着交际冲突进入激化期，交际冲突表现在语言层面。孟天在和宋博宁发生话语冲突时，孟天₁用侮辱性的词语"老鼠""恶心"来抹黑宋博宁，进行人身攻击。这严重违背了礼貌原则中的赞誉准则，也极大威胁宋博宁的面子。为了不让交际冲突进一步激化，孟天₁使用妥协策略在话语中用"小可爱"来弥补宋博宁的面子，缓解主导型交际冲突。

（11）沈凌₁："我想问一下 TK11，如果像江喃这样子的川普，你们听起来是听得懂吗？"孟天₁："要是不想听，都难。"（字幕：自顾自的战火升级）大家₁哈哈笑。江喃₁继续攻击孟天："其实他听不懂，因为我是来自大城市，他来自小城市。"大家$_2$惊呼："哦！::："韩冰$_1$双手捂住嘴巴。韩东秀$_1$双手比划手枪。穆雷$_1$也起哄，用食指指着孟天："太村儿了，太村儿了。"孟天$_2$："我特别喜欢这样的嘉宾，我根本听不懂他在说什么，不管好的、坏的，我就哈哈哈过去。（字幕：村花开始反击）。"江喃$_2$："只要高兴就行了。"孟天$_3$主动伸手去跟江喃握手，江喃$_3$惊讶了一下，就去握孟天的手，结果孟天$_4$怪叫一声："哈::！"然后把手拿开了。（字幕：幼稚鬼）孟天$_5$、江喃$_4$两个人都把脸撇向另外一方。"

上例中"其实""因为"等关联词，以及"大城市""小城市"两个评价性的词语，标志着交际冲突进入"激化期"。背景信息是美国代表孟天前几期表现不佳，节目组请来了另外一位美国代表江喃，孟天对此不满，两人存在社会关系的竞争冲突。激化期的交际冲突表现在语言层面。江喃$_1$首先用话语对孟天进行人身攻击"我是来自大城市，他来自小城市"。孟天采用非言语行为实施挑衅，假装和江喃握手和解，等到江喃$_3$准备握手的时候，孟天$_4$却突然把手抽开了，还做出怪叫"哈::！"非言语交际行为进一步激化言语交际冲突，两人的社会关系恶化，这是冲突的激化期。

再次，交际冲突的激化可以表现为，旁人起哄威胁到说话人的正面面子，旁人的推波助澜增加说话人的社交压力，导致其负面情绪增长。例（6）普雅问孟天为什么美国人喜欢管别人的事，安龙就唯恐天下不乱似的起哄附和："哦！"，这就给孟天增加了交际压力，加剧了冲突程度。例（11）大家$_2$"哦！:::"，以及穆雷$_1$直接用食指指着孟天："太村儿了，太村儿了"，这都是旁人的起哄进一步激化交际冲突。

四、冲突的结束期

交际冲突阻碍交际目的的实现，不利于人际关系的和谐，给交际者带来负面情绪和心理负担，因此冲突不会一直持续。因为本书研究的"冲突"包括交际障碍、交际冲突、交际对抗等不同跨度、不同程度的对立。因此交际冲突的结束，也应区分为：对抗性交际冲突的结束，非对抗性交际冲突的结束。

1. 对抗性交际冲突的结束

对抗性交际冲突是指交际冲突连续体中程度较重、负面影响较大的交际冲突和交际对抗。

（1）说服对方结束冲突

多元文化冲突中，大家自由论证，组成结盟关系，其中结盟一方在论点的论证上更加让人信服，证实了论点，说服了另一方认输。这是交际者以说服策略结束汉语交际冲突的情况。

> （12）布莱尔₁："我们看过那么多恶心的英国黑暗料理的照片，我们可不可以来一个比较好看一点的那一张，｜有人₁："好。"｜来。（大屏幕上出现了一个清晰的橘子，背景虚化了）这个是英国最好的餐厅之一的，｜柳岩₁插话："这不就摆了个橘子吗？"大家₁哈哈笑，开始起哄。｜布莱尔₂："不是，｜柳岩₂："我没有看错吧，它就是个橘子。"（字幕：你确定这是美食）｜这个是一道非常有创意的菜，｜大家₂笑得扑到在桌子上，（字幕：你讲真？）布莱尔₃："诶::，我还没说完，这个是长得像橘子一样，但是其实是那个、那个鹅肝肉。"盂天₁皱眉："呃::，No。"韩东秀₁也皱眉："No！"盂天₂和韩东秀₁一起向下比大拇指，（字幕：这么不环保，鄙视你！）｜柳岩₃站起来指着大屏幕上虚化的背景："等一下，这个，这个是鹅肝肉（橘子后面的虚化的食物），这个是橘子吧（指着前面的橘子）。"大家₃哈哈笑。｜布莱尔₄:"我怎么觉得我都是｜大家开始一起唱万万没想到的音乐："啦啦啦啦啦，万万没想到，啦啦啦啦啦……"｜站不住脚？"看到大家起哄鄙视自己，布莱尔₅抿着嘴巴把头瞥向一边。（字幕：快乐是他们的，而我没有）

上例中话语标记"等一下"标志着交际冲突进入结束期，"哈哈笑"的表意性发声，"抿着嘴巴把头瞥向一般"的体态语标志着交际冲突结束。英国人布莱尔₁为了证明英国也有美食，特意展示了英国最好的餐厅的食物。可是照片只看到一个清晰的橘子，遭到柳岩₁反对"这不就摆了个橘子吗"，大家₁取笑，布莱尔₂坚持说这道菜"有创意"，大家通过非言语动作"扑到在桌子上"以及表意性笑声来嘲笑布莱尔₂的发言。布莱尔₃错把摆盘的橘子讲成鹅肝肉，吃鹅肝直接遭到孟天和韩东秀的反对和鄙视，柳岩₂直接指出布莱尔所指的鹅肝不是橘子而是背景虚化中的食物，大家齐声唱歌讽刺布莱尔所谓的"英国美食"，最后布莱尔₄直说自己的论点"站不住脚"，无法证实自己的论点"英国也有美食"。柳岩说服了布莱尔，从而结束言语冲突。

（13）布莱尔₁："说到欲望的话，我觉得美国人的食欲是非常强大，｜有人₁："对啊。"｜｜有人₂："高热量。"｜现在肥胖率是那么那么高，我真的不懂。"孟天₁拉了一下西装："哦，我跟你解释一下，我们在美国有个东西叫美食，英国是没有的，｜大家₁哈哈笑，布莱尔₂撞桌子。｜美国的东西很好吃，人家愿意吃，（双手比喇叭），呵，呵。对，没有，真的是美国的这个，好吃的特别多，因为美国是移民国家，全世界好吃的美食都在我们那边，｜罗密欧₁："这个的确是有。"｜所以人家愿意吃，我也建议你们英国人多多来美国学习。"布莱尔₃身体歪着，用一只手撑着头："我竟无言以对。"孟天₂把头左歪一下，右歪一下，然后吹吹手。（字幕：跟我斗，太嫩了。）

上例中"竟无言以对"标志着交际冲突结束。上例中布莱尔₁抨击美国人"肥胖率高"，孟天₁回应这是因为美国有美食，英国没有。布莱尔₂"撞桌子"的体态语表示孟天的话切中要害，随后布莱尔₃认输。孟天说服了布莱尔，结束交际冲突。

（14）彭宇₁："我看沈凌跳的时候，就觉得还挺协调的，因为他毕竟瘦嘛。但是这边一看过去，布莱尔，（大家笑），就像机器人一样。"
李好₁："力量型。"晓敏₁同时说："他是个力量型。"彭宇₂看着李好：
"其实我给你讲，我也挺宅的。"布莱尔₁回击："你宅的原因可能跟别
人不一样。"彭宇₃身体前倾表示洗耳恭听，布莱尔₂："你宅的原因可能
是因为别人不需要跟你社交。"大家₁惊呼："哦！"穆雷₁手掌十指摊开，
然后一只手捂住嘴巴。韩冰₁眼睛瞪得老大。安龙₁和大卫₁大笑，鼓
掌。彭宇₄试图回击，竟然无话可说，只是把头侧开，（字幕：竟无言
以对。）晓敏₂接茬："好狠哪。

上例中话语标记"原因可能是""因为"标志着交际冲突进入结束期，彭
宇₄"竟然无话可说，只是把头侧开"的体态语标志着交际冲突结束。彭宇₁
评价布莱尔跳舞"像机器人"，违背了礼貌原则中的赞誉准则，威胁了布莱
尔的正面面子。布莱尔₁回击彭宇宅是因为没人愿意跟他社交，这个评价属
于人身攻击，大家₁惊呼："哦。"来填补交际空白，安龙和大卫使用了表意
性发声，笑声和掌声来支持布莱尔。彭宇₄"试图回击，竟然无话可说"通
过话轮沉默代替一个话轮。布莱尔说服了彭宇，结束了交际冲突。

（2）自我妥协化解冲突

冲突方为了避免冲突扩大，缓和紧张的人际关系，维持正常交际秩
序，做出自我妥协、自我嘲解、用幽默或表意性的笑声等来化解冲突。

（15）沈凌₁："另外一位投给孟天的也说道，说，有时候太任性，
捉摸不透的美国老板，是大卫同学投给你了。"孟天₁："我怎么任性，
请问俄罗斯的朋友？"大卫₁指着他："你就这么任性。"孟天₂歪头想了
想："好吧。

上例中，话语标记"好吧"标志着交际冲突结束。孟天₂面对大卫₁的指
控，没有解释直接妥协"好吧"，结束了交际冲突。

（16）孟天₁："那个名字也美，而且这个火山是世界奇观之一，你坐在它的火山口看太阳，是特别美的。"沈凌₁有点恐惧："坐在火山口？"孟天₂："看着太阳。"彭宇₁："等一下，它不会烤屁股吗？"孟天₃不知道怎么回答，就把头转到背后再看上面。沈凌₂："那很危险吧。"有人₁："对啊。"孟天₄："但是可以代表你们俩之间这种轰轰烈烈的爱情啊。"彭宇₂："所以我爱她，就是要和她烧死在一起，是吗？"孟天₅："好的，那我就不说了。"然后把哈雷阿卡拉火山的照片收起来了。大家₁哄堂大笑。

上例话语标记"好的"，"那我就不说了"标志着交际冲突结束。面对沈凌₁和彭宇₁的质疑，孟天₃使用话轮沉默和体态语"把头转到背后看头顶"来抗议，随后沈凌₂再次质疑坐在火山口"很危险"并得到某位青年代表支持，孟天₄用"轰轰烈烈的爱情"回应，仍抵不住彭宇₂的反对，按照常理孟天应该继续找论据证实论点，但孟天₅突然妥协"好的，那我就不说了。"孟天意料之外的妥协创造出幽默反差，引得大家₁哄堂大笑，结束了冲突。

（3）转换话题转移冲突

交际第三方通过"打断—调解—切换"话题的方式转移交际冲突。只有各方公认的有人际威望和社会权势的第三方，才能有效打断争执。例（37）在交际冲突的激化期，话语重叠，越来越多的交际者想说服穆雷，但都没有成功。嘉宾游天翼也想说服穆雷，但她的人际威望不足，无法行使权力距离的优先权利。最后，具有主持人身份，被公认赋予了机构性话语权力的沈凌和彭宇才成功抢得话语权，"彭宇₁敲响了议事长的锤头，大家都安静了"，中止了交际冲突。

言语交际冲突激化，会增加交际者的负面情绪，影响交际秩序。这时主持人一般会实行劝解，或转移话题。例如：

（17）韩冰₁："这样的男生并不会那么好吧，如果就是那么浪漫，但是不是真正的浪漫，|韩东秀₁开始用手比划泰国舞蹈，（字幕：刚

学的泰国舞)｜，比如说韩国那样，不需要，(韩东秀$_2$面无表情，双手摊开)，韩冰$_2$用手掌指罗密欧："花心，｜罗密欧$_1$拍桌子，翻白眼："我不花心。"｜英，你看，英国男生跟英国菜一样，你还要吃吗?"(字幕：开启毒舌模式)大家$_1$惊呼："哦!::,"(音调高!)(字幕：这是韩冰吗?!)韩冰$_3$："德国，(省略了连接词"除了")简单的香肠，也没有什么。欢迎到我们国家。(字幕：根本停不下来。)年龄也没有什么问题。最重要就是听你说。世界就是你世界，一直听你。欢迎过来我国家，谢谢。(做了一个欢迎的姿势，最后双手合十，低头，鼻尖接触手掌)"韩东秀$_3$攻击他："但是你知道吗? 泰国男人没有男人味，(字幕：开始反击。)就像他。(用食指指韩冰)"(字幕：出来混，迟早要还的。)"大家$_2$起哄："哦::::!（高音)"韩冰$_4$也是嘴巴张大，挑眉："哦!:::"安龙$_1$和韩东秀$_4$击掌，意思是干得漂亮。(字幕：干的漂亮。)李波儿$_1$："这可是人家韩国的朋友说的，啊:::!"詹姆斯$_1$用手摸韩冰的肩膀："他很有男人味。"(字幕：再次帮忙辩解。因为刚刚詹姆斯举李波儿，出了很多汗，韩冰和穆雷一直帮詹姆斯扇风，所以这次詹姆斯挺身而出)韩冰$_5$："你的国家好呢，美到要整容啊!"(字幕：剑拔弩张 硝烟弥漫)李波儿$_1$一声尖叫："啊:::!（低头抬起眼睛眉毛看着韩冰笑，看热闹)(字幕：好敢讲!)韩东秀$_5$双手左右摊开："韩国男人一般很少整容好吗?"现场气氛紧张，沈凌$_1$赶快转移话题："波儿，你有没有特别想问哪个国家的男生?"

上例中的称谓语"波儿"和话语标记"你有没有""特别想问"标志着冲突转移。上例是韩冰和韩东秀主导的主导型冲突，主要体现为两人之间的人身攻击。韩冰$_1$(韩东秀$_{1,2}$)—韩东秀$_3$—韩冰$_4$(韩东秀$_4$)—韩冰$_5$—韩东秀$_5$，同时还有包括韩冰$_2$—罗密欧$_1$，韩东秀$_3$—大家$_2$—安龙$_1$、韩东秀$_4$—李波儿$_1$—詹姆斯$_1$分环式模式冲突。随着韩冰和韩东秀之间的话语冲突的激化，交际者的负面情绪攀升，现场气氛紧张，主持人沈凌$_1$赶快行使机构性话语权力，转移了冲突。

　　(18)……大卫$_1$："韩冰，韩冰，韩冰……你这个想法跟我差不多。│柳岩$_1$："金陵嘛。"│我是罗金陵。"沈凌$_1$："为什么是罗？"柳岩$_2$："显得更有品味。"大卫$_2$："我也想到的是南京，但是我想说首先南京啊：：：，这个名字，（字幕：同一个地方，我就比你有深度）就，（停顿）│柳岩$_3$插话："太直白了。"│太现代、太直白了。"韩冰$_1$："但是我担心说金陵的话，你知道那个《红楼梦》是吧，（字幕：本宫才是有深度的人）金陵十二钗。│大卫$_3$愣了一下，然后点头。│啊，金陵十二钗，然后金陵十二钗那个女孩们，啧，很可怜。"沈凌$_2$："命运比较坎坷。"韩冰$_2$："所以我感觉得把这个金陵用的话（把字句偏误），不太好。所以我感觉明太祖，用南京建都当南京，（字幕：开始秀文化）哎哟……"│柳岩$_4$看两个人有点对掐，就打圆场："尊重一下，起名字是私人的事情，私人的事情。"韩冰$_3$笑着看着大卫："这就是文化，好吧。"（字幕：我就是比较厉害！）大卫$_4$很激动，指着自己取的名字罗金陵，声音大，语速快："这（重音）才是文化，好吧。"韩冰$_4$也举起自己的韩南京："这才是文化……"沈凌$_2$打圆场："都好，都好。你们都是南京，不要打。"柳岩$_5$："谢谢你们爱南京。"（字幕：南京人民爱你们哟。）沈凌$_3$换话题："我们看一个更惊悚的。"│柳岩$_6$抢话："白闪闪给他女儿起的名字，对吧。"

　　话语标记"我们看一个更……的"标志着交际冲突转移。沈凌$_3$提议转换话题，柳岩$_6$提出新话题转移冲突。

　　上例是大卫和韩冰关于取名"罗金陵"还是"韩南京"的文化之争，是主导型冲突，大卫$_1$—大卫$_2$—韩冰$_1$│大卫$_3$│—韩冰$_2$—韩冰$_3$—大卫$_4$—韩冰$_4$，两人唇枪舌战，争论从"南京"和"金陵"的不一致，转移到有文化和没文化争论上，"没文化"这个论据涉及人身攻击，导致交际者负面情绪增加。主持人柳岩$_4$为了缓和冲突，先把"起名字"定义为"私人的事情"，即无所谓品位高低，有无文化，但是没有奏效。韩冰$_3$—大卫$_4$—韩冰$_4$仍然争论谁更有文化。沈凌₂采取共情的手段缓解冲突，强调双方论点的共同点"都是南京"，柳岩₅立即附和"谢谢你们爱南京"。"通过认知换位、情感趋同和情感利他，增加冲突参与人对对方的情感投射并增强们对客体认识的客观性，实现主体移情，最终构建认识的主体间性，使矛盾趋于简单，并实现冲突的化解。"(王江汉，2016)在交替型冲突中"冲突的转移"指多人加入辩论，提供新的论据，推动冲突发展和转移。

(19)彭宇₁："好，那既然刚刚说了，全球各地养宠物会有这样的一个基础(用词不当，共识)啊，那究竟我们回到这个议题上面，(话语不通顺)，把自己的宠物，当自己的孩子来饲养，你们觉得正常还是不正常？如果觉得不正常的话，就请亮灯。"不正常5票，正常6票。大家₁互相嘘对方，大拇指朝下："呃:::。"(压低声音，发音含糊)沈凌₁："怎么会有人亮灯呢，亮灯的人不正常吧。"布莱尔₁："把宠物当成自己的孩子，是有一点反自然的。"│李斯羽₁、大卫₁异口同声地问："为什么？"│布莱尔₂："因为，因为我觉得就特别是狗，你应该是有主人和动物的关系，而不是爸妈和孩子的关系，│沈凌₂："嗯。"││彭宇₂开玩笑："这样的话对孩子太不公平了。"│大家₂笑。詹姆斯₁："如果你自己不想要，这个Ok，我能理解，但是如果你觉得其他的人，不应该这样，为什么呢？"│孟天₁附和："跟你们有什么关系？"│布莱尔₃："是因为如果给你们打一个比方吧，│有人₁："嗯哼。"│我妈养我们的小狗dylan，dylan sugerman的时候，有一些很小的细节你要注意，比如说，人(重音)要吃饭在先嘛，如果你不这样做的话，你的狗(重音)，你的宠物就会觉得(字幕：要让狗狗知道家里谁才是老大)它跟你的地位是一样高的嘛，│李斯羽₂不解地双手摊开："那又怎么样呢？"(字幕：完全不在乎，那又怎样呢？)│布莱尔₄："因为、因为、因为这样的(有点激动地结巴)这样的，你不在的时候，它就会叫啊，然后你睡觉的时候它也会叫，让你醒来，(字幕：苦口婆心，没有规矩难成方圆。)这些小的事情如果你不给它培训的话，那

｜大卫₁插话："小孩子也会这样，"（全都乱套了），养个小孩子也会这样啊。"｜布莱尔₅同时说："就跟野狗野宠物（没有这个词，偏误，流浪狗）一样。"｜韩东秀₁："让我补充一下布莱尔的意见，反正我也是一个观点的，然后我非常同意你的观点，｜左右两边的孟天₂和穆雷₁嘘他，用的是含糊音，rue∷∷｜字幕：左右夹攻）韩东秀₂本来准备发言："狗和主人……"听到两边的人嘘他，就"呵"了一下，闭嘴笑着看孟天，然后阻止他们："你们先听，（字幕：无奈、无奈）人和宠物是很（说到一半不说了，换一句开始说），就是主人和宠物的关系，不是人与人的关系，你很容易这样，你这样养狗的话，或者养宠物，很容易宠坏它。"彭宇₃闹场："我其实还挺同意你们的，就冲着你们那个 rue，（彭宇₄把名牌灯点亮了，意思是我要支持你们）（字幕：看不惯，瞎起哄）吴雨翔₁、布莱尔₆、韩东秀₃、普雅₁鼓掌喝彩："耶！"彭宇₅："因为，我跟你讲，我的观点是这样的，我们要遵循一个大自然的规律，｜有人₂："对。"｜我是人，我可以爱动物，但是并不代表动物就变成了一个人，或者我就变成了一个动物，｜布莱尔₇双手打开："对。"（字幕：就是这个道理！）｜不能跨越这个、这个（重复）本身存在的这个自然的一个方式。"詹姆斯反对："不是，有一次我送个一个女朋友一只狗，然后我和这个女孩子分手之后，其实当时我没有觉得我和这个狗的感情这么深，但是我在 Facebook 上我的朋友圈，我开始看到她和这只狗和她的新男朋友的照片，｜孟天₃："Oh，no。"｜｜李斯羽₃："你当时伤心的点是那只狗，还是她因为有了新男朋友。"｜罗密欧₁："对啊。"｜詹姆斯₃："两个都（缺省了动词'有'）吧（字幕：前女友与狗，每个都伤我好深），｜大家₃哈哈笑。｜但是其实我觉得最关键的是，这只狗有一个新的爸爸，而且这个'爸爸'不是我啊（重音），（字幕：曾经在我心尖尖上的狗啊！）"孟天₄："对。"沈凌₃："哈哈哈。"詹姆斯₄："因为之前我觉得，真的，这个事情发生之前我的观点和布莱尔差不多，其实这个事情发生之后，我就发现了，啊，真的有这个感觉。"穆雷₂："我觉得 James 这样的一个事情，是很正常的。我就觉得呢，狗的世界里面只有你一个人，我们可以交很多的朋友，但是狗（重音，停顿），你不给他吃，他就会饿死的。你不照顾它，它肯定就没有这个自己生存的这个能力。"李斯羽$_4$："对。"穆雷$_3$："所以呢，我还是认为，你把它当成一个孩子，还是很正常的。"罗密欧$_2$："我是两只猫，但是宠物是宠物，人是人｜吴雨翔$_2$竖起大拇指，同时说："人是人。｜我不可以把人类的规则、规定等等，站在动物上面，（偏误，字幕组改成站在动物立场上面）要求动物跟人一样的。"李斯羽$_5$摇手："不是这个意思。"孟天$_5$也摇手，同时说："取关、取关、取关（字幕：取关取消关注）。"沈凌$_4$插话："各位、各位、各、位（音量加大，时间延长），当孩子养，不代表他是无限制的溺爱、｜李斯羽$_6$："对。"｜宠爱。"养孩子、养孩子，他也会教给孩子规矩，当然养宠物，他也要培训宠物规矩。"韩冰$_1$："我小的时候，我养一个泰国狗，呃，这种狗叫， กาแฟ，咖啡，它非常爱自己的主人，我还记得，我开自行车（偏误，动词应该是骑，字幕：开自行车？），然后突然有很多流浪狗，要咬我，我很恐、我很害怕（主动纠正），因为我胆子很小，但是那一小条狗，（字幕组纠正成了：但是那一条小狗）他保护我，拼命保护我，有七八条狗咬了它，它都不管，为了保护我，我有一个问题，你凭什么说，它不值得、它不值得爱。）｜彭宇$_6$："等一下。"｜韩冰$_2$不理彭宇继续说："但是为什么……"｜彭宇$_7$再次插话："诶:::，为了，我我我，诶:::｜韩冰$_3$住口了，｜彭宇$_8$："首先第一个，我觉得，就是我为什么按这个灯，坦白来讲，我是逆反地按灯，｜韩冰$_4$又想接话，伸手刚刚发音，彭宇$_9$用手制止了他的发言，自己继续说，这个话语权是通过权力取得的。｜彭宇$_{10}$："就是经常会有人觉得，我们提出不同意见的，就是，啊，你不爱动物，然后呢，你不爱大自然，你不爱什么，就是很多大帽子全部要扣过来，事实上，为什么不能接受，一个反对的意见，而且我们的点不一样，｜韩冰$_5$再次想发言，他试着伸出手，想要发言，但是彭宇$_{11}$用手制止了他｜第一个，我觉得，人必须要爱护动物，对不对（用食指指着韩冰），｜普雅$_2$点头："没错。"｜第二个，你可以把自己的宠物，对不起，这是你自己的宠物哦，你可以爱它，｜韩冰[6]微笑看着彭宇，举起食指，意思是说自己要发言。｜彭宇[12]没有理他继续说："但是你并不说，别人一定要爱你的，（又用食指指着韩冰）你懂我的意思吗？｜李斯羽[7]插话:"彭宇，一有人亮灯说反对，我们把动物、把宠物像家人一样地爱（不通顺，应该是把动物、宠物当作家人一样地爱），就会给你们扣很多的帽子，｜彭宇[13]："对啊。"｜但是我觉得你们在按反对的灯的时候，也给我们扣了很多的帽子。｜安龙[1]、穆雷[4]、韩冰[7]点头："是。"｜就是好像说我们把动物当孩子一样地爱，就是我们很溺爱它，放纵它，然后也要求别人也像孩子一样地爱它，不是这样的，｜孟天[6]撇嘴巴、低头摇手，｜我举个例子，比如说我自己的狗狗，我之前养狗，现在养猫，那如果它站在街上大小便，我会把它收好，｜彭宇[14]："嗯哼。"｜我出去溜它的时候，我一定会把它拴好，因为我喜欢它，不代表别人也喜欢它。"｜彭宇[15]用食指指尖朝下指着李斯羽："诶:::，这个观点我是赞同的，然后……"｜李斯羽[8]打断，继续说："有的人:::（停顿，音量加大，）可能对狗毛过敏，有的人可能看到会害怕，｜彭宇[16]："嗯哼。"｜所以我爱它，不代表我要求别人用和我一样的方式爱它，（字幕：我们会尽量照顾别人的感受）。｜安龙[2]："对，和自己孩子一样。"｜彭宇[17]抢话："是这样，刚刚你看啊，我们有个标配，对不对，幸福家庭，五个孩子加两条狗，｜李斯羽[9]："对。"｜没错吧？你同意这个是吧?"｜李斯羽[10]："嗯。"｜彭宇[18]："你为什么没有说是七个孩子呢?"｜韩东秀[4]："对。"｜为什么是五个孩子？五个孩子，两条狗的，你还是分得很清楚嘛，（孩子的量词用错了，字幕：口误：五条孩子，两条狗）对不对？五条孩子，两条狗吗?"李斯羽[11]发现了彭宇的口误，哈哈大笑，扑倒桌子上："五条孩子。"大家[4]哈哈笑。有人[3]重复错误："五条孩子。"安龙[3]："但是我们把这两个狗当成孩子。"沈凌[5]："好，各位、各位、各位、各位朋友们，各位亲爱的朋友们，（沈凌[6]把两只手在空中舞动，字幕：浮夸的和事老），在我们录《世界青年说》到目前以来，从来没有见过，大家如此对撕的局面，甚至连议事长都加入其中，｜大家$_5$哈哈笑，字幕：我是被逼的｜我觉得今天这个话题真的有点伤和气，啊，｜彭宇$_{19}$笑："啊。"｜这样，我觉得再纠结这个，好像谁压过谁呢，一时很难服众，哈:::，｜李斯羽$_{12}$点头："嗯。"｜啊，我们接下来不妨用一些真实的新闻事件，来跟大家$_6$探讨一些真正，所谓主人跟宠物之间的关系，这样的一些事情，好不好？"彭宇$_{20}$："我们马上进入今天的全球文化大战。"

称谓语"各位""朋友们"和话语标记"好""这样""我觉得""我们接下来""好不好""马上进入"表示着交际冲突结束和转移。上例展示了交际冲突的发展过程。围绕话题"是否把宠物当孩子"，多人会话中的交际者根据论点形成结盟，不赞成把宠物当孩子论点的结盟有布莱尔、韩东秀、彭宇、罗密欧、吴雨翔；赞成把宠物当孩子论点的结盟有李斯羽、大卫、詹姆斯、孟天、穆雷、安龙。交际者交替陈述己方的论据和驳斥对方论据，形成了以下分环式冲突层：布莱尔$_{1,2,3}$，沈凌$_1$，彭宇$_2$—李斯羽$_1$，大卫$_1$，詹姆斯$_1$，孟天$_1$；韩东秀$_{1,2}$—孟天$_2$，穆雷$_1$；彭宇$_{3,4,5}$，吴雨翔$_1$，布莱尔$_{6,7}$，韩东秀$_3$，普雅$_1$，罗密欧$_1$—詹姆斯$_{2,3,4}$，—李斯羽$_3$，孟天$_{3,4}$沈凌$_3$；罗密欧$_2$，吴雨翔$_2$—李斯羽$_4$，孟天$_5$，沈凌$_4$；韩冰$_{1,2,3,4,5,6}$—彭宇$_{6,7,8,9,10}$：李斯羽$_{7,8,9,10,11}$，安龙$_{1,2,3}$，穆雷，韩冰$_7$，—彭宇$_{13,14,15,16,17,18}$；沈凌$_{5,6}$，彭宇$_{19,20,12}$，李斯羽$_{12}$。多位交际者之间围绕主题从不同的视角出发寻找论据，交替论证，对上一说话人进行附和和反对，形成分环式模式，话语权在多人会话间交替传递，使冲突的对象不断转移。随着论据的交替，话题也随之自然转移。

2. 非对抗性交际冲突的结束

非对抗性交际冲突是指交际冲突连续体中程度较轻的交际障碍。交际者可以用会话修正来结束交际障碍。交际者在语言能力、知识储备、冲突应对等方面的欠缺，容易出现不连贯、不通顺、不正确的话语。这些语言表达错误导致交际受阻，需要交际者通过修正表达来化解障碍，结束冲突。

会话修正(conversatonal repair)，是指说话人或听话人对交际障碍进行修正的话语现象。会话修正最早由谢格洛夫、杰斐逊和萨克斯(Schegloff,Jefferson & Sacks,1977)提出，分成两类：自我修正(Self-repair)和对方修正(other-repair)。谢格洛夫(Schegloff,1977)提出会话中修正结构模式："阻碍(trouble source)、发起修正(initiation)、修正结果(repair outcome)。"在言语交际中，说话人常会对自己的讲话进行部分修正，即"自我修正"；听话人对说话人的修正，即"非自我修正"或"对方修正"。(何自然，冉永平，2006：321)

会话修正结束障碍的形式有：外文(英语)修正；语码混用修正；解释修正。

根据多人多元文化背景下汉语交际冲突语料的修正结果，我们把会话修正结束交际障碍分成3类：(1)自我修正结束障碍；(2)共同修正结束障碍；(3)他人修正结束障碍。

(1)自我修正结束障碍

自我修正是指说话人自己对阻碍源进行修正从而结束了交际障碍。根据谢格洛夫提出的会话修正结构模式，即阻碍、发起修正、修正结果，我们按照发起修正的发起人的不同，认为自我修正包括：自我发起-自我修正和他人发起—自我修正。

①自我发起—自我修正结束障碍

自我发起—自我修正结束障碍指交际者自己发起并自己完成会话修正，从而结束了交际障碍。

(20)詹姆斯："很多人除了开车之外，其实浪费食物是你们最大、呃、CO_2、排放的一个浪费。｜罗密欧："对。"｜CO_2的排放，它使我们全球气候变暖，最大的来源。

上例中，语码转换"CO_2"标志着交际障碍结束。詹姆斯的发言中出现"二氧化碳"这个阻碍源，影响交际意图的表达，造成交际障碍。詹姆斯先使用叹词"呃"来发起修正，随后采用语码转换用"CO_2"自己完成了修正，传递了完整的信息，结束了交际障碍。

（21）罗密欧："其实在意大利，有一个心理学家，他是针对这个情侣装，说了一句话，说这个情侣装其实是一个比较虚伪的方式来，证明自己找到了另一半。就是一个外表一样，但是内在不一致。柏拉图知道吗，Plato，在他的那个《会饮篇》这个故事里面，他讲了人类（lěi），人类……｜其他代表笑他。｜罗密欧："人类当初不是男女这样分的。"

上例中，正确发音的"人类"标志着交际障碍的结束。罗密欧在发言中出现了"人类（lěi）"这个阻碍源，他自己和其他代表都发现了阻碍源，"其他代表笑他"表明语音错误引起了交际障碍。罗密欧自己修正了读音，结束了交际障碍。

②他人发起—自我修正结束障碍

他人发起—自我修正结束障碍指，他人发现阻碍源发起修正，说话人自己完成会话修正，从而结束了交际障碍。

（22）柳岩抢话："白闪闪给他女儿起的名字，对吧。"沈凌："Ja∷mes，｜柳岩："白闪闪给他女儿起的名字是艾沐沐。"｜你做了什么？"詹姆斯笑。（字幕：就是要闪瞎你们）詹姆斯看了看自己写的名字："啊∷，这个是艾冰冰，不是艾沐沐。"

上例中自我修正"这个是艾冰冰，不是艾沐沐"标志着交际障碍的结束。詹姆斯手写的"艾冰冰"和"艾沐沐"字形很像，导致柳岩看成了"艾沐沐"，引发交际障碍。柳岩发起修正"白闪闪给他女儿起的名字是艾沐沐"，引导詹姆斯注意到自己的笔迹，然后自我修正"啊∷，这个是艾冰冰，不是艾沐沐。"修正中使用了语气词"啊"，语音延长的有声现象，以及指示词"这个"。

（2）共同修正结束障碍

自我和他人共同修正结束障碍指多人会话中说话人和听话人依据各自的汉语心理词典、知识经验、文化理念，从多元文化背景和上下文语境中，对同一个句子推测出不同的会话含意，多人分别对话语中同一"阻碍源"或不同"阻碍源"发出不同修正，并结束交际障碍。

（23）韩冰$_1$："嗯，其实这个新闻我认为真是很傻(sǎ)的。"罗密欧$_1$："啊？"韩东秀$_1$："傻。"大卫$_1$："傻的。"韩冰$_2$解释："很笨那样的。"

上例中韩东秀$_1$、大卫$_1$和韩冰$_2$的共同修正标志着交际障碍的结束。上例中的阻碍源是韩冰傻(sǎ)发音错误，平翘舌不分。罗密欧$_1$语气词"啊"引发修正，韩东秀$_1$直接修正语音，"傻(shǎ)"，大卫$_1$同时直接修正："傻的。"韩冰$_2$用同义词"笨"解释修正："很笨那样的。"

（24）詹姆斯$_1$："但是我觉得这个人(用食指指着李媛)，"｜李媛$_1$吓得身体往后倒，眼睛瞪大，身体侧着，双手外推。｜詹姆斯$_2$马上修正："提案里面的这个人。"孟天$_1$："Not her，不是她，not her。"｜詹姆斯$_3$马上用手掌指着李媛更正："带来，带来的这个提案。"

詹姆斯$_2$，孟天$_1$，詹姆斯$_3$的共同修正标志着交际障碍的结束。非言语行为在多元文化背景下汉语交际中不可忽视，有很多重要信息都是通过手势、眼神等体态语传递的。上例中詹姆斯$_1$口中说的"这个人"还需要配合手势"用食指指着李媛"才能明确所指对象。而中国代表李媛只是代为宣读提案，她反对提案内容，"李媛$_1$吓得身体往后倒"的调距变化，以及"眼睛瞪大，身体侧着，双手外推"的体态语，这些非言语行为发起了修正。詹姆斯₂完成修正把李媛换成了"提案里面的这个人"。多人会话中，支持李媛的孟天₁，进行他人修正："Not her，不是她，not her。"

　　(25)韩冰₁："但是在泰国，我们最有名的就是<u>商业广告</u>。"<u>大卫₁学韩冰："桑业广告。"</u>（字幕：幼稚鬼，桑业刚告）。大家₁笑。韩冰₂修正："商业广告。"秋微₁："泰国的商业广告拍得超好的，好多都是。"

　　上例中，韩冰₂和秋微₁的共同修正标志着交际障碍的结束。韩冰发言中"商业广告"的"商"声母"sh"错发成"s"，"大卫学韩冰：'桑业广告。'"大卫模仿错误发音，提示韩冰注意阻碍源。韩冰₂对阻碍源"桑业刚告"直接修正为"商业广告"。嘉宾秋微委婉重复了"商业广告"的正确读音，把读音示范包含在新信息里面，"泰国的商业广告拍得超好的，好多都是"，既提示韩冰正确发音，又维护了韩冰的正面面子。秋微在本例中采用恰当方式对交际冲突进行了正确引导，既结束了交际障碍，又推动了话题继续。为汉语的推广做出的积极努力，符合"世界汉语"观念。

　　(26)韩冰₁："各位经常认为，方言就是一种文化，然后不必要，｜罗密欧₁摇食指反对｜，可是你知道吗？在国际关系中，最重要是什么，<u>软实力</u>（发音不标准）。"<u>柳岩₁小声问沈凌："什么，什么，什么？"</u>詹姆斯₁帮忙解释："软实力，软实力。"韩冰₂："软实力，soft power。"沈凌₁："我们现在慢慢陷入到，中国主持人听不懂，外国朋友帮我们翻译。"大家笑。柳岩₂："OK，软实力，哦。"韩冰₃："OK，软实力就是通过文化，哪一些国家软实力差，没有对他文化的自信，他肯定不会发达。"

　　上例中詹姆斯₁，韩冰₂，柳岩₂，韩冰₃的共同修正标志着交际冲突的结束。上例中的交际障碍又疑问代词引发修正。"柳岩小声问沈凌：'什么，什么，什么？'"中的"什么"，就是用疑问代词引导上一话轮的说话人韩冰以及听话人找出阻碍源完成修正。詹姆斯₁对发音不准的阻碍源"软实力"直接修正，柳岩₂在弄清阻碍源的意义后，也进行了一次直接的语音修正："软实力。""韩冰₂：'软实力，soft power。'"是把汉语语码"软实力"转换英语语码"soft power"，对"软实力"进行语码转换修正。发音错误的阻碍源"软实力"有韩冰₂、詹姆斯₁、柳岩₂的语音修正，韩冰₃最后解释修正，"OK，软实力就是通过文化，哪一些国家软实力差，没有对他文化的自信，他肯定不会发达"。上例自我和他人共同修正结束了交际障碍。

（27）大卫₁："其实我听过这样的一句诗词，迢迢牵牛星，皎皎河汉女，然后就是织郎和呃::::"沈凌₁马上修正："牛郎。"｜大家哈哈笑。｜沈凌₂："牛郎和织女。"大卫₂："牛郎和织女在喜鹊架成的桥上相会，对吧。"

上例中沈凌₁、沈凌₂，大卫₂的共同修正标志着交际障碍的结束。大卫₁的发言中出现阻碍源"织郎和呃::::"，沈凌₁先直接修正："牛郎"，经过思考后，进一步直接修正，"牛郎和织女。"大卫₂也进行了自我修正"牛郎和织女"。

（28）穆雷:"因为我以前，我以前是学过怎么踢足球的，虽然我们不会就说诶，必须要30度，45度，60度，穆雷说："自己身体的这个 angle。（然后皱眉看着右手边的布莱尔），"｜布莱尔："角、角度。"｜这个角度是很重要的。"

上例中布莱尔₁和穆雷₂的共同修正标志着交际障碍的结束。上例中"自己身体的这个 angle"中"angle"是穆雷由于自身汉语能力不足，转换成英文语码发起修正，希望听话人帮助自己完成修正。"皱眉看着右手边的布莱尔"是通过体态语，邀请布莱尔帮助自己完成修正。布莱尔受邀后立刻发言，"角、角度。"重复现象反映出交际障碍的压力对交际者的影响。穆雷随后采纳了布莱尔的修正建议，"这个角度是很重要的"，完成自我修正。

　　（29）罗密欧："对呀，因为这是他在路上抽烟的，路上是公共场所，<u>为什么我要吸烟(做出吸二手烟的动作)，到你的那个烟?</u>" | 大卫修正："<u>二手烟。</u>"

　　上例罗密欧和大卫的共同修正标志着交际障碍的结束。上例中，罗密欧在话轮中遇到"吸二手烟"这个阻碍源，他通过体态语"做出吸二手烟的动作"作为引导，帮助自己争取时间，用语法修正完成了话轮，结束了交际障碍。而中文专业研究生大卫的汉语词汇量更大，他关联罗密欧"吸二手烟的动作"进行推测，主动从语义上完成修正"二手烟"。这样，同一个阻碍源，就出现了自我语法修正和他人语义修正的不同修正。

　　（3）他人修正结束障碍

　　他人修正指听话人对说话人话语中出现的阻碍源进行了修正，以结束交际障碍。包括两种情况：自我发起—他人修正，他人发起—他人修正。

　　①自我发起—他人修正结束障碍

　　自我发起—他人修正结束障碍是说话人主动发出邀请，邀请听话人帮助自己修正句子，结束交际障碍。

　　（30）大卫₁："我写的是 | 沈凌："关于中国教育的?" | 中国愉快的假期，我特别不懂中国学生，假期哪里愉快?"柳岩₁："哈哈。"沈凌₁："为什么?"大卫₂："我不能理解，为什么这个学期已经结束了，<u>可是老师给学生发这种::，一个本子，里面有很多很多的作业，</u> | 柳岩₂提示："<u>暑假作业、寒假作业。</u>等会儿，所有的国家，寒暑假没有作业吗?"穆雷₁："of course no!"安龙₁："当然没有。"沈凌₁："泰国有。"韩冰₁："有一点点。"

上例中大卫₂用指示代词"这种"及其有声现象发起修正，"可是老师给学生发这种::，一个本子，里面有很多很多的作业"。柳岩完成修正"暑假作业、寒假作业"，标志着交际障碍的结束。

（31）詹姆斯₁："所以在加拿大的北部，人会经常用那个::，雪橇？（升调，发音不确定）"沈凌₁示范正式发音："雪橇。"詹姆斯₂："对对，去这种地方。所以我觉得这个才是真正的浪漫。因为这个真的是独一无二的，很难得。"

上例中詹姆斯₁"人会经常用那个::，雪橇？"所用的指示代词"那个:::"，以及后面的有声现象表示对读音不确定，发起修正。"沈凌₁示范正式发音：'雪橇。'"标志着交际障碍的结束。

②他人发起—他人修正结束障碍

他人发起—他人修正结束障碍，是他人认为上一话轮的说话人出现了错误或障碍，并且判断上一话轮的说话人缺少相应的语言能力和文化知识储备完成自我修正，他人主动对错误源完成修正，结束交际障碍。

（32）吴雨翔："我买了很多，我肯定有20多（缺省了量词"双"）篮球鞋。柳岩₁问吴雨翔：你只有20多双篮球鞋啊？吴雨翔₁没听懂柳岩是嫌少，他有点骄傲地说："肯定有。"吴雨翔把双手摊开。沈凌₁："等一下，等一下，柳岩的语气意思是，其实吴雨翔还有更多的空间可以拥有，是吗？"柳岩₂不直接回答问题，低头看自己的手："呃，是这样的……"

上例中，沈凌的话语标记"等一下"以及句末的疑问助词"吗"构成是非问句"是吗？"在柳岩和吴雨翔的话轮对之间插入旁插话轮，对吴雨翔的语用偏误发起修正，标志着语用交际障碍进入结束期。上例中他人采用委婉修正的方式修正阻碍源。

委婉修正是听话人为了照顾上一说话人的面子，采取委婉修正的方式完成修正。有以下情况：一是交际者通过委婉措辞和语气指出阻碍源并修正，上例中吴雨翔错误理解柳岩话语的语用失误，沈凌不是直接修正吴雨翔的错误，而是用问句求证柳岩说话的语用意义，在措辞上也是用委婉的"还有更多的空间可以拥有"代替"不够"；二是交际者不直接重复和修正阻碍源，而是在下一个话轮完成修正的同时也传达新信息，委婉地修正阻碍源。上例中，吴雨翔说"我肯定有 20 多篮球鞋"，数词 20 后缺少了量词"双"，这是母语负迁移造成的偏误。柳岩采取了委婉修正的方式，她不是直接修正"20 双篮球鞋"而是把修正信息暗含在新话轮中："你只有 20 多双啊?"；三是交际者通过非言语行为的言外之意，来委婉暗示自己的会话含意。例(141)中，沈凌求证时，柳岩没有直接回复是的，而是通过体态语"低头"和话轮沉默暗示自己不愿意回答这个违反礼貌原则中的赞誉准则，对他人(吴雨翔)不利的问题。

（33）詹姆斯₁："对呀，而且我觉得父母的父母比一个伯母或陌生人，会更加的认真。"穆雷₁："对。"詹姆斯₂："而且你父母的父母的价值观，和你自己的父母的价值观，应该差不多嘛。"吴雨翔₁："对。"詹姆斯₃："所以我还是觉得这个更好。"大卫₁："但是我个人会觉得，必须是要父母亲自去带孩子，因为爷爷奶奶的观念往往会比较落后一些，而且他们就会跟不上这个时代，而且爷爷奶奶是会溺爱孩子，孩子就会形成很多不好的习惯。"

上例中，詹姆斯₁和詹姆斯₂都提到了"父母的父母"，这是不准确的汉语表达。在汉语亲属体系中，这个概念用专用词"爷爷、奶奶""外公、外婆"表达。大卫₁没有直接指出詹姆斯用词不妥，而是在发言中，重复了"爷爷奶奶"，委婉地修正了詹姆斯的用词错误，这标志着交际障碍的结束。

我们可以辩证地看待多元文化背景下的言语交际冲突。一方面，不可否认交际冲突阻碍交际顺利进行，交际的负面因素对多元文化中的所有交际者都会造成不良影响，人际关系处理不当还可能影响长期的人际交往。多元文化背景下，外国青年不只代表自己个体还是代表国家形象，面对国家问题、时政问题、民族问题的争论，交际者容易把个人关系代入国家、民族关系，阻碍交际顺利进行；另一方面，从冲突造成的文化融合、观点消解的方面来看，对多元文化背景下的言语交际冲突也有积极影响。冲突的触发使矛盾公开化，冲突方可以互相对话，文化可以交流沟通，从而化解一些交际冲突。

第三节　多元文化背景下汉语交际冲突的类型

根据交际冲突是否有序，我们将多元文化背景下汉语交际冲突分为常规冲突和失序冲突两种类型。

一、常规冲突

"常规冲突"表现为，多元文化背景中尽管多方意见不一致，出现交际障碍或交际冲突，甚至发生强烈对抗，但大部分信息能从说话人传递给听话人，使说话人的大部分交际意图能被听话人领会并适时做出反馈，这是具有积极意义的多元文化冲突类型。根据表现形式的不同，我们把它分成主导型冲突、交替型冲突、复合型冲突。

1. 主导型冲突

主导型冲突是以固定交际冲突者为主导，其他交际者进行补充、推动发展的冲突模式。主导型冲突是冲突发生在两个或多个固定交际者之间，以人际冲突为主，在冲突的萌芽期、激化期、结束期由固定的交际者主导，而其他交际者则围绕主导冲突进行反馈、支持、反对、询问、附和、补充。主导型冲突的形成同人身关系冲突、功能目的性强、内容相关性强、话题和场合正式、权力差距大，其中的一个或几个因素正相关。我们仍可以用图 8 来说明。

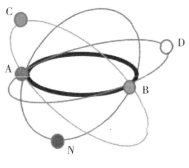

图8　主导型

主环式模式和分环式模式的整体一起构成了完整话题的交际互动，见例(34)。

(34)沈凌₁："上一回黑木来呢，碰巧碰到我们安龙和穆雷缺席，当时黑木讲说，觉得穆雷回国而缺席节目是很不敬业的。"黑木真二₁双手合十，把腰弯下去。孟天₁和韩冰₁用手捂着嘴巴："哦!"(字幕：终于走到今天，该来的总归要来。)沈凌₂："所以我们今天特意隔一个James在你们中间。"韩冰₂摸黑木真二的肩膀。(字幕：他脾气不好，你赶紧道歉)穆雷₁表情有点严肃，眼睛看着右上方："其实我觉得上次黑木就跟我，就说我不敬业，我觉得我们都是外国人嘛，用词有的时候就不合适。(字幕：虽然没发火，但是感觉气氛怪怪的……)丨沈凌₃为缓解冲突笑："哈哈哈。"丨但是我昨天我就到了酒店，我就说来消除一下这个误会嘛，丨黑木真二₂双手合十，身体缩起来、弓背，道歉的姿势。丨就给他发了个信息就说，黑木，明天早上我们就一起去锻炼身体。他就给我回了两个字，不，去。"大家₁一起笑，大卫₁、詹姆斯₁、韩东秀₁很吃惊。黑木真二₃双手交叉握拳、手肘支在桌子上，拳头把嘴巴挡住。(字幕：悔不当初)穆雷₂闭着眼睛，不愿意有眼神交流，头对着黑木真二这边："我很友好的，但是我自己也有自己的底线。"(字幕：平静地放狠话!)柳岩₁哈哈笑，一边鼓掌。黑木真二₄

回应："我怕一对一见面嘛，因为，你很壮，呃，我很瘦，所以……（省略了"不去"）"（字幕：人家害怕啦）穆雷$_3$身体后仰、脸仰着看着黑木真二。韩东秀$_2$举手："黑木，黑木，逃避是解决不了问题的。"穆雷$_4$马上接话："逃避是解决不了问题的，因为最后我会有一天，我就会坐在你旁边。"（字幕：你给我安静地等着!）黑木真二$_5$双手合十，看着穆雷笑。大家$_2$哈哈笑。沈凌$_4$帮黑木真二说话："也不要这样啦，人家毕竟刚刚结婚是不是。"穆雷$_5$："不不不，刚刚结婚，就让他过好日子嘛。（字幕：我已经很收敛了!）今天就先隔一个 James，改天再说吧。（把头转向和黑木相反的方向）"黑木真二$_6$说话吞吞吐吐："问题是上上次是谁说，旅游，玩，回回去玩的?"柳岩$_2$帮黑木解释："哦，你误会了，是不是?"黑木真二$_7$："是不是彭宇?"普雅$_1$："彭宇。"│大家$_3$："彭宇，应该是彭宇。"│沈凌$_5$："肯定是彭宇。"黑木真二$_8$拍手："啊!"│柳岩$_3$打断："哦，肯定是彭宇，彭宇你不可以这样，破坏TK11 的关系!"穆雷$_6$恶狠狠地问："是彭宇有问题是吗?"说完还掰了掰拳头。（字幕：等你回来，我们聊聊）沈凌$_6$对着彭宇以前坐的位置说："你说你拍戏去也就算了，你怎么能这样挑起几国间的不友好呢?"柳岩$_4$也数落彭宇："虽然说人生如戏，但你不能把这个戏带到我们现实生活当中。"沈凌$_7$："没错，我们，打彭宇，打彭宇。"柳岩$_5$："打打打，好了。"黑木真二$_9$松了一口气，鼓掌："解决了。"穆雷$_7$放狠话："没解决。"黑木真二$_{10}$身体往后一抖。沈凌$_8$转移换题："好，那我们今天呢，要有请我们这位中国青年的代表了。"

上例中黑木真二和穆雷的话语冲突是主导环式模式，贯穿冲突全过程，主持人和其他青年代表的发言与黑木真二、穆雷的话语一起构成了分环式模式，主环式模式和分环式模式有机整合成了主导型冲突的完整言语交际过程。

上例，黑木真二评论穆雷缺席节目不敬业的言论使黑木真二和穆雷成为整个冲突事件的矛盾主导者。从词汇手段看，"敬业"反映出的是以集体主义和个人主义为代表的多元文化之间的冲突，"缺席节目"反映出的是不同文化对工作时间和生活时间的态度，即时间观、人生观、价值观的冲突。黑木真二对穆雷"不敬业"的评价是别人不利的信息，违反了言语交际礼貌准则中的得体准则。

穆雷和黑木真二之间的言语争辩和非语言反馈体现为图 5 的 AB 环式主导模式：穆雷$_1$—｜黑木真二$_2$｜—黑木真二$_3$—穆雷$_2$—黑木真二$_4$—穆雷$_3$—穆雷$_4$—黑木真二$_5$—穆雷$_5$—黑木真二$_6$—穆雷$_6$—黑木真二$_9$—穆雷$_7$—黑木真二$_{10}$。这构成了冲突的主环式模式。沈凌和柳岩作为主持人，在多人多元文化交际中的职责是统筹各方，化解矛盾，提出、引导和结束话题，是冲突的重要协调者。其他青年代表的发言推动了冲突发展，是冲突的参与者。

主持人和其他青年代表的发言共同构成了冲突触发、发展的多个分环式模式。冲突的触发：沈凌$_1$—黑木真二$_1$—孟天、韩冰$_1$—沈凌$_2$—韩冰$_2$、穆雷$_1$—沈凌$_3$—大家$_1$（大卫$_1$、詹姆斯$_1$、韩东秀$_1$）—穆雷$_2$—柳岩$_1$

冲突的发展：穆雷$_4$—黑木真二$_5$—大家$_2$—沈凌$_4$—穆雷$_5$

冲突的转移：黑木真二$_6$—柳岩$_2$—黑木真二$_7$—普雅$_1$｜大家$_3$—沈凌$_5$—黑木真二$_8$｜柳岩$_3$—穆雷$_6$—沈凌$_6$—柳岩$_4$—沈凌$_7$—柳岩$_5$；

冲突的中止：黑木真二$_9$—穆雷$_7$—黑木真二$_{10}$—沈凌$_8$

多人多元文化背景下汉语交际冲突在上例有以下表现形式：在内容上表现出反驳、对立，如双方对"不敬业"的争辩，"解决了"和"没解决"的对立；语气上表现为穆雷的凶狠、威胁的强势语气和黑木真二的软弱、示弱的弱势语气相对立，如穆雷放狠话"有自己的底线"，和黑木真二"你很壮，我很瘦"；在感情上体现为穆雷的情绪化、负面性，如"是彭宇有问题吗?"和黑木真二的忍让、收敛，如"我怕一对一见面嘛"；体态上通过表情、眼神、头部动作等体态语等传递出不少信息，如穆雷"表情严肃"、头对着黑木真二但却闭着眼睛，拒绝眼神交流，"身体后仰、脸仰着看着黑木真二"，这都传递出穆雷的愤怒情绪和负面情感，相比之下，黑木真二"弯腰""双手合十，身体缩起来、弓背""双手交叉"都表现出他妥协、退让的姿态；在语言形式上出现了插话，如沈凌$_3$，打断，如柳岩$_3$，模糊语言以及重复，如黑木真二$_6$，省略，如黑木真二$_4$；衔接上常使用转折类关联词"但"；句式上多出现判断句、否定句、反问句。

作为冲突的主导方，穆雷采取说服策略来维护自己的利益。相反，黑木真二采取回避策略，通过自嘲和恭维对方，综合运用了礼貌原则中的赞誉准则和谦逊准则，尽量让对方多受益，让自己多吃亏，尽量多赞誉对方，多贬损自己，通过主动妥协示弱、弱化矛盾，淡化冲突，减少对自己的威胁。主持人和其他青年代表采取转移矛盾的方法，如黑木真二$_7$、普雅$_1$、大家$_3$、沈凌$_5$、柳岩$_3$、穆雷$_6$、沈凌$_6$、柳岩$_4$、沈凌$_7$、柳岩$_5$就是把冲突转移给不在场的彭宇，以搁置争议，安抚冲突对象，恢复交际秩序。

2. 交替型冲突

交替型冲突是多位交际者交替对两个或多个论点进行证实和证伪的冲突模式。交替型冲突是指没有主导冲突对象，话语冲突主要是围绕话题产生的观点冲突。随着话题的推进，持不同观点的多个说话人，先后从不同视角、不同层面提供论据、展开论证，提出、展开、转移或重新提取被折叠的论点，使话语权在多个交际者之间交替传递。交替型冲突的形成同以下因素正相关：交际者的观点冲突，交际者间权力差距小(公平民主)，社交有较强目的性，话题开放，场合非正式。我们也用图9来表示：

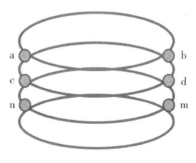

图9　交替型

　　(35)詹姆斯$_1$: "我坚持了大概三四个月的时间，然后我就感觉到了，这个时尚的东西，需要骨子里喜欢。"|孟天$_1$摇头、穆雷$_1$、布莱尔$_1$异口同声: "no。"|詹姆斯$_2$: "因为你真的需要关注很长时间，你才能改变时尚。"穆雷$_2$: "不对，我倒觉得，两个人谈恋爱的时候，谈恋爱最大的一个魅力是什么，就是我能去影响到你的生活，|孟天$_2$: "对。"|就像我一样，我以前就特别特别喜欢吃快餐，但是从我开始跟我女朋友在一起，那我就把我整个饮食习惯都改变了，然后我真的觉得，诶，跟她在一起就真的让我觉得变我一个更好的自己。"布莱尔$_2$: "灭灯的人，我想问一下，如果你们知道，你可以通过改造你的男朋友、女朋友，而给她带来更好的生活，|安龙$_1$: "对。"|你们会愿意吗?"大卫$_1$: "这个是肯定是没问题，但是，如果你强迫他做这件事情……"|穆雷$_3$: "我们没有说强迫他，没有说强迫。"|孟天$_3$皱眉笑着摇手。大卫$_2$: "容易产生一种逆行的行为。我们越强调，要不要改造不时尚的男女朋友，要他去改造自己的行为，改造自己的时尚，改造自己的|穆雷$_4$突然很激动地大喊: "OK! 举个例子来。"|衣服，他越不愿意改变。(字幕: 激动到唾沫横飞)|穆雷$_5$: "从我这个例子来讲，OK，假设我的女朋友说，OK，穆雷，你本来就很喜欢吃快餐的，无所谓，反正我就不影响你的生活，不改造你了，你就吃你的快餐，你觉得我现在还能上这个节目吗? (穆雷说话语气冲，语速快，声音大，眼睛瞪很大。字幕: 又生气。)|安龙$_2$: "你可不可以不要把快餐拿出来做比喻?|穆雷$_6$自己说自己的: "那我现在都特别胖了。"|快餐不一样的。|"穆雷$_7$音调提高: "怎么不一样? 我们说到的是改、造、对、方。"

　　上例中有多个多元文化的汉语交际者，针对话题"是否赞同改变自己的另一半"，交际者由于各自观点的不一致，分成了两个阵营。其中詹姆斯、大卫持同一观点，即不要去改变自己的另一半；穆雷、布莱尔、安龙、孟天持相反观点，即要去改变自己的另一半。我们认为上例中有两类冲突，三层分话题。观点的冲突属于第一类冲突，包括以下两层分话题：

第一层：詹姆斯$_1$—孟天｜布莱尔｜穆雷—詹姆斯$_2$—穆雷$_2$｜孟天$_2$｜

第二层：布莱尔$_2$｜安龙$_1$｜—大卫$_1$—｜穆雷$_3$/孟天$_3$｜—大卫$_2$—｜穆雷$_4$｜—穆雷$_5$

第一层分话题是，能不能改变自己的另一半。第二层的分话题是，要不要改造自己的另一半。两层分话题是围绕话题"改变另一半"从不同的角度进行分述。

上例中辩论方式的冲突是第二类冲突。安龙和穆雷虽然都支持同一个观点"要改变另一半"，但是辩论技巧、论证方式上存在分歧，使安龙和穆雷产生了话语冲突。即：

第三层：穆雷$_5$—｜安龙$_2$｜—穆雷$_6$

第三层的分话题是吃快餐是否可以作为改造对方的例子。

交替型冲突模式就是这样一层一层展开，常常出现在多个交际者对一个话题有不同论点时，不同阵营的交际者 a、c……n 和 b、d……m 分别对己方观点进行证实并向对方观点进行证伪。交际者根据话题选择论点自由表态，提出论据加以论证。由于论点由多个论据支持，不同的交际者为了支持或反对某论据而交替参与会话，进行论证，例如图 9 中的：ab—acd—cnmn……可以对应上例中的第一层、第二层、第三层分话题的论证。其中，每一次论证过程与前后论证环环相扣，如论证过程 acdb 就是由前论证过程 ab 发展而来，并转移到论证过程 cnmd。第一层论证发展到第二层论证，是因为穆雷$_2$的观点没有得到队友布莱尔$_1$的认可。第二层论证发展到第三层论证，是因为穆雷$_5$的论点遭到了队友安龙$_2$的反对。

根据交际需要，交际者还可以提取已经折叠的话题，例如图 6 中的ab—acd—cnm—da……，就是提取了前面已经折叠的交际者"da"讨论过的话题。上例中穆雷$_4$、穆雷$_5$的论证就是对已经折叠的穆雷$_2$观点的重新提取。在第一层分话题的论证过程中，穆雷$_2$谈到了女朋友对他饮食习惯的改变帮助他成为一个更好的人。但是其他交际者不认可他的论点，布莱尔$_1$在穆雷$_2$发言结束后重新提出新论据，发起了第二层分话题的辩论，即穆雷$_2$

的论据被折叠了。穆雷为了强调自己的观点在第二层论证中通过穆雷₄、穆雷₅，又重新提取了自己被折叠的论据进行论述。然而他的言论遭到己方队友的反对，进入第三层分话题的论证。

从表现形式来看，上例在论证方式上，多次出现肯定词"对"，"OK"，如孟天₂、安龙₁、穆雷₄、穆雷₅，出现否定词"NO""不对"，例如孟天₁、穆雷₁、布莱尔₁穆雷₂；句式上，多出现问句，例如布莱尔₂、穆雷₅，肯定句，穆雷₂大卫₁、孟天₂、安龙₁，多否定句，例如孟天₁、穆雷₁、布莱尔₁、穆雷₂；语言形式上，多次、长时间出现话语重叠，例如大卫₁、穆雷₃、大卫₂、穆雷₄，停顿，如穆雷₇语码转换，例如感叹词"No"，"OK"的转换；重复，如穆雷₃；语篇衔接上多使用复句，使用顺承复句：例如詹姆斯₁、穆雷₂使用了"然后"、布莱尔₂使用了"而"；递进复句：大卫₂使用了"越……越……"；转折复句：穆雷₂、大卫₁使用了"但是"；因果复句：詹姆斯₂使用了"因为……才……"；假设复句：布莱尔₂大卫₁使用了"如果"，穆雷₅"假设……就"；语音形式上，话语冲突时交际者会通过加大音量、提高音高、放慢或加快语速等保持或者抢夺话语权；话语冲突时多元文化交际者存在竞争性、对抗性情绪。

从策略上来看，在多人多元文化的交替型冲突中，上例中的多位交际者为了在论点上驳倒对方，采取主动策略，积极辩论，通过举例证实或证伪，交际者常在交际冲突中使用重复、语码转换、停顿、语音变化、打断、话语重叠等形式抢夺话语权，维护自己的论点，反驳对方论点。

3. 复合型冲突

在语言实际运用中，主导型冲突和交替型冲突不是截然对立的，主导型冲突有时嵌套在交替型冲突中，形成事实上的复合型冲突。

（36）沈凌₁："好，所以现场只有|彭宇₁也想发言，刚开口就闭嘴了|四位，普雅、吴雨翔、James 和韩冰，是赞同可以交给祖父母带的啊，你们怎么心这么大呢？"吴雨翔₁："因为我小时候就自己体验过

了，我父母真的没有时间，然后我们的别墅也算是比较大的，一个人在那个别墅里面，就真的有点孤单，而且有点害怕。彭宇₂八卦："别墅太大是吗？"字幕：听到重点。有人₁呵呵笑。吴雨翔₂认真回应："这个不是重点，因为我真的怕，万一有个小偷，万一有一个人要把我拿（用词不当）走呢，那我怎么办？"彭宇₃笑："拿走。"沈凌₂："把你拿走，该有多小？"吴雨翔₃："那个时候我希望我父母的父母就陪（缺省了"在我身边"），爷爷奶奶（自行更正）"詹姆斯₁："对呀，而且我觉得父母的父母比一个伯母或陌生人，会更加的认真。"穆雷₁："对。"詹姆斯₂："而且你父母的父母的价值观，和你自己的父母的价值观，应该差不多嘛。"吴雨翔₄："对。"詹姆斯₃："所以我还是觉得这个更好。"大卫₁："但是我个人会觉得，必须是要父母亲自去带孩子，因为爷爷奶奶的观念往往会比较落后一些，而且他们就会跟不上这个时代，而且爷爷奶奶是会溺爱孩子，孩子就会形成很多不好的习惯。"普雅₁："如果父母没有时间，你会把孩子交给谁？"大卫₂："交给专业的，懂得教育的保姆。"普雅₂："那我可能会反对大卫。这是跟西方文化是很，有很大区别的，文化差异很明显，就是我们觉得，等我老了之后，那我的幸福是什么？我的生活是什么？是养这些孩子，这时我觉得我很快乐。我的父母也是很信任爷爷奶奶养孩子。为什么呢？因为说哪怕他们跟不上我们现在社会，但是他们经验十足。"穆雷₂突然问普雅一个尖锐的问题："普雅你自己认为你是一个很成功的人吗？"普雅₃被问愣了，他沉默了，现场气氛很尴尬。孟天₁看着普雅："Oh my god！"安龙₁想帮普雅解围："这个问题……"｜詹姆斯₃插话："我替他（省略了"说"），我觉得他是成功的。"有这么多人的肯定，普雅₄自己说："对，我觉得我到目前为止是成功的。"穆雷₃为了缓解矛盾，维护对方的正面面子，马上回答："对，我也觉得你很成功。那我就认为你的父母的能力，是足够的。为什么？因为你的父母就养成一个很成功的人。我也认为我自己很成功。所以我肯定对我妈妈培养我孩子的能力，是没有任何的质疑。但是，我妈妈是有自己的生活，｜孟天₂：

"Yes!" | 不会因为我生了孩子，她就把自己的生活放弃， | 安龙₂：
"重新做妈妈" | ，放在一边，然后我就把这个孩子，就哇，现在这个
孩子是我生活的目的，NO，很有可能我妈妈就想去旅游， | 孟天₃：
"就休息。" | 就做她想做的事情。"罗密欧₁："孩子就是父母的责任，
而不是父母的父母的责任。"

上例整体结构层层递进，属于交替型冲突，根据不同论据，可分成五
层，其中第四层嵌套了主导型冲突。属于复合型冲突类型。

第一层：沈凌₁ | 彭宇₁—吴雨翔₁—彭宇₂ | 有人₁—吴雨翔₂—彭
宇₃—沈凌₂—吴雨翔₃

第二层：詹姆斯₁—穆雷₁—詹姆斯₂—吴雨翔₄—詹姆斯₃

第三层：大卫₁—普雅₁—大卫₂—普雅₂

第四层：穆雷₂—普雅₃—孟天₁ | 安龙₁ | 詹姆斯₃—普雅₄—穆雷₃

第五层：穆雷₃ | 孟天₂— | 安龙₂— | 孟天₃—罗密欧₁

第一层是吴雨翔通过举例说明，小孩希望爷爷奶奶陪自己；第二层是
詹姆斯多方论证爷爷奶奶照顾孩子会比陌生人好；第三层是大卫提出保姆
带小孩比较专业，普雅从文化差异反驳在伊朗文化中祖父母带孙辈很幸
福；第四层是穆雷突然问了普雅一个带有人身攻击性质的问题，激化了冲
突；第五层是穆雷提出祖父母有自己的生活，罗密欧附和孩子不是祖父母
的责任。

上面五层论证分成两类，第一类是关于"父母带孩子好还是祖父母带
孩子好"的观点的冲突，吴雨翔、詹姆斯、普雅支持祖父母带孩子，大卫、
穆雷、孟天、安龙、罗密欧支持父母带孩子。包括第一层、第二层、第三
层、第五层。

第二类是第四层。穆雷和普雅之间的人身冲突构成主导型冲突：穆
雷₂—普雅₃—普雅₄—穆雷₃。矛盾的触发是穆雷质问普雅"是不是一个成功
的人"，由于穆雷₂的论证方式不当，威胁到普雅的正面面子。冲突的推进
是孟天、安龙、詹姆斯面对穆雷不礼貌的质问行为，从礼貌原则出发，出

言替普雅辩护，以维护普雅的正面面子。在对手和队友的支持下，普雅不再采用回避策略，而是采取主动辩论的策略。冲突的结束是穆雷意识到自己出言不逊造成的伤害，随后肯定普雅是一个成功的人，修复了普雅的正面面子。冲突从开始到结束都是紧紧围绕发生人身冲突的穆雷和普雅，属于主导型冲突。

上例中主导型冲突嵌套在交替型冲突里，事实上形成复合型冲突。

二、失序冲突

失序冲突是交际冲突中的纷争类型。交际者际者在价值倾向、社会规范、语言因素、跨文化因素等差异影响下，在交际过程中违反了合作原则中的有序准则，违反话轮转换规则，无视礼貌原则，威胁其他交际者的面子，导致交际者产生强烈负面情绪，致使多人会话中的说话人和听话人角色分配失衡，信息传递的交际机制失去秩序，多个交际者通过提高音量、加快语速、重复自己语步或者重复对方语步的话语手段和非语言手段来争取注意，抢夺话语权，导致出现长时间的话语重叠。见图10。

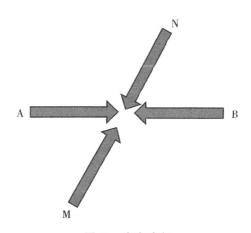

图10　失序冲突

图10表现的是冲突的激化期，对峙双方或多方各执己见，互不退让。有人想表达自己的愤怒情绪，有人想强调自己的观点，有人试图说服对

方，有人希望主持公道，重建交际秩序，多个交际者同时发言，较长时间出现话语重叠。其中冲突方的激动情绪常常激化了话语冲突，给交际者和交际行为带来负面影响，最终体现为失序冲突的类型。用文化间性理论来看，"以孤立呈现自我文化价值的方式进行单向的文化传播会导致文化身份的认知焦虑，这是文化的主体性带来的认同危机(刘学蔚，2016)。

（37）……穆雷₁更生气了，音调提高："怎么不一样？我们说到的是改、造、对、方(一字一顿)。"游天翼₁："好，所谓改造……"｜罗密欧₁也反对，举手想发言："No，no，no。"｜安龙₁也是举起手，不停地晃动手指头，也反对："oh，no，no，no。"很多人₁同时说话，陷入纷争。(字幕：全场进入白热化阶段。)穆雷₂："说时尚，说饮食……"｜沈凌₁打断："各位，啊，这样……"｜彭宇₁敲响了议事长的锤头，大家都安静了。

我们从上例看到，穆雷先后对大卫、安龙等发难。穆雷一直通过以下手段保持着话语权：插话、突然增加音量，加快或放慢语速，改变语气，语码转换，重复本人语步，反问质疑。交际者用生气等负面情绪的威胁而抢得话语权，是不健康的交际行为。这种强势语言行为引起了其他交际者安龙、游天翼、罗密欧等的不满，出现多人话语重叠的冲突现象。根据图8的纷争模式，游天翼₁、罗密欧₁、安龙₁、穆雷₂、沈凌₁的发言可以带入图8中的A、B、……M、N。

应对多人多元文化背景下的交际失序冲突，需要有权力的中间人来疏导冲突，重建交际秩序。如上例中彭宇₁敲响议事长的锤头，叫停了纷争。

本节通过图示模型来展示、分析交际冲突各类型的表现、导因，加深对交际冲突的认识，以构建顺畅和谐的汉语言生活，促进新时代汉语多元文化言语社区和谐发展。

第三章 多元文化背景下交际冲突的语篇特征

多元文化背景下汉语交际冲突表现在话语语篇上，主要有话语重叠、话语重复、会话修正、有意回避、语码转换等表现形式。

第一节 话语重叠

话语重叠就是在同一个时间段里多位交际者自说自话。美国社会学家 Horey Sacks（1974）认为："在会话中，有可能会出现同一时间段内，在同一个交谈中，不只有一个人说话的情况，这种情况就叫做重叠现象。"

黄衍（1987）指出"重叠"多发生在话轮过渡关联位置上，通常是由于会话参与者"争夺"下一个话轮引起的。匡小荣（2006）根据交际者是否想要抢夺话语权，把话语重叠分成争夺性重叠和非争夺性重叠，并谈到对话语重叠后续处理的几种情况。区分了重叠话语之瞬时、短时、长时三种时长，却没有明确区别这三种不同时长的话语重叠有何意义和功能。

Sacks，Schegloff，Jefferson（1974）根据是否削弱交际效果，把话语重叠现象分为"问题性重叠"和"非问题性重叠"。舒静（2009）在上述基础上，保留了竞争性重叠和打断性重叠，把终端重叠调整为问题性重叠，非问题性重叠分为：邀入性重叠、齐声重叠和反馈式重叠。

我们认为，有些竞争性重叠和打断性重叠不仅没有削弱交际效果，反而以观点的碰撞，紧密的话语结构，高度的参与度和关注度，产生类似戏剧高潮的交际效果，推动了多元文化背景下的汉语交际。如：

　　(38)大家看吴雨翔，开始各抒己见。沈凌："怎么……"｜吴雨翔："你不要看我，不要看我。"｜彭宇："吴雨翔你一个人来一遍，一个人来一遍。吴雨翔自信地唱："就，（唱）万万没想到，啦啦啦啦啦啦。"大家笑了："哈哈哈。"

　　上例中，在没有指定说话人的情况下，沈凌、吴雨翔自由竞争话语权，出现话语重叠后，沈凌很快退出话轮，这属于竞争性话语重叠。尽管说话人之间出现了竞争话语权的行为，但是沈凌自主调解，提前结束发言，交际者没有产生负面情绪，没有影响交际目的的实现。打断性话语重叠见（例39）：

　　(39)布莱尔："我爸是一个脾气比较好的人，但是生气的时候……"｜彭宇插话："等一下，布莱尔，是因为你太壮了。"大家哄堂大笑。布莱尔重复："他是一个脾气很好的人，但是他生气的时候……"｜彭宇再次打断："爸爸，来，过来掰个手腕。"布莱尔笑，继续说，"他生气的时候，真的是爆炸。"布莱尔突然从笑脸变成很生气的表情，同时用力拍桌子，大声发出拟声词："bang!"大卫吓得身体后倾，用手抚胸口，嘴巴张开和眼睛瞪大。

　　上例中，主持人彭宇在布莱尔发言中，以幽默的方式多次故意打断布莱尔，制造一种出其不意的幽默效果，使得"大家哄堂大笑"，对打断性话语重叠的幽默化的使用，使得打断言语行为的话语效果实现了从失礼到好笑的逆转。这种汉语交际冲突就被反转成了汉语交际的润滑剂，促进了多元文化融合。再如：

　　(40)柳岩₁："在我手上呢，就是2015年最新的全球创新指数排行榜，就是每个国家，哪个国家最有创意。所以你们可以先猜前三

名，前五名都可以。"孟天₁拍手(字幕：第一舍我其谁)："我觉得肯定
是美国这边。(然后摸了摸宋博宁的肩膀,)啊，小松鼠，不要生气啊，
|宋博宁₁低着头自言自语，五指张开当在胸前，字幕：我不跟你计较
|孟天₂："那个……"|柳岩₂笑："小松鼠了，又变成。"|孟天₃回应
柳岩："小松鼠了现在。那个，呃，没有，美国的创意，你说是影视
方面，文化产业这一方面，绝对是非常的强，不管是我们的音乐，我
们的电影什么的，但是要说得具体一点，肯定是我们的超级英雄，
|穆雷₁同时说："美国队长。"|美国队长、超人啊、蝙蝠侠、蜘蛛侠、
什么钢铁侠、猫女、什么 X 战警、英雄联盟，|有人₁同时说："英雄
联盟。"|这些都有。但是我们美国，宋博宁₂本来是后躺坐着的，他身
体前倾去摸孟天，想要发言。孟天₄没理会他继续说，"因为我们美国
人这些创意|普雅₁看着宋博宁插话："呵，他很傻。"|和艺术，都走
遍了全世界，我觉得我们创意，肯定是一流的，在世界。"

上例中孟天₂发言"那个……"被主持人柳岩₂打断："小松鼠了，又变
成。"形成打断性话语重叠，这体现了话语冲突中强调对语序的改变，柳岩
将交际冲突的最关心、最想强调的宾语"小松鼠"提前，动宾结构的动词
"又变成"后置。而"变成小松鼠"的语境是孟天先前抨击宋博宁像老鼠，
"变成"提示我们这是对前面折叠分话题的重新提取。或是出于对女性的礼
貌，或是对柳岩主持人、话题发起人身份的尊重，孟天₃中断了话题"美国
最有创意"，对柳岩的打断性话语重叠进行了简短回复，"小松鼠了现在"，
宾语"小松鼠"前置，时间状语"现在"后置。

在多元文化背景下的汉语交际中，非言语行为是话语交际的重要补
充，在上例中，孟天₁使用体态语"拍手"从柳岩接过话语权，先就话题"美
国最有创意"进行了表态，考虑到法国人宋博宁会不高兴，通过肢体语言
"摸了摸宋博宁的肩膀"安抚他，又使用语言手段进行安抚，"啊，小松鼠，
不要生气啊……"又如，宋博宁₂在孟天发言过程中，想要获得下一话语
权，使用体态语，即用手触碰孟天，但是他的发言要求被孟天₄忽视了。

　　除了非言语行为，听话人对说话人的一些插入语，在多人多元文化交际中不仅不会阻碍交际，反而是多元文化的正常模式，能增加话题的参与度。孟天对美国电影的吹捧，得到了有些人的拥趸，穆雷等人通过附和式重叠的方式赞成孟天，但是也有人反对，如普雅在孟天发言过程中对他的讽刺："呵，他很傻。"无论是赞成还是反对的话语重叠，都反映出在多人会谈中，交际者对话题的关注和参与意愿，这种吐槽式的交际冲突无伤大雅，可以看作交际的粘合剂。

　　萨克斯(Sacks)认为，口语交谈的一个基本特征是，大多数情况下在一段时间里只有一人说话。Emanuel Schegloff(2000)认为："假如在多个人的场合(如四人以上)，他们的交谈不是属于同一个交谈，而是分裂成两个或两个以上的交谈，即这些人分成若干小群体，各自进行交谈。这样，一段时间里，自然不止一人说话。像这种在同一场合分属不同交谈群体的几个人同时说话的现象就不是重叠现象。"

　　笔者认为，可以对这个现象进行补充，如果在多人场合下，多位交际者之间分开交谈的论题，是围绕同一个话题进行的，从横向视角分不同角度讨论，或者是当前话题和有语义关系的被折叠的前序话题。那么我们认为在同一场合，几个人同时围绕一个中心话题展开横向或者纵向论述的现象，仍然属于话语重叠现象。

　　具体来说，在汉语多人言语交际中，受到中国文化多任务时间观的影响，汉语交际者可能会在同一个线性时间段，对当前话题和前述的折叠话题同时处理，同时和不同说话人进行言语交际和副语言交际，出现打断、插话、题外话的言语行为，以及肢体接触和目光交接等非言语行为，我们认为，这也属于话语重叠现象。如果不理解这种多任务时间观文化，则容易产生交际冲突。大部分多元文化交际者能包容并理解这是汉语多元文化言语交际的正常现象，不会感觉到被忽视、被冒犯，因而并不会削弱交际效果。反而，同一时间段里的这种交互交际模式，起到加强注意、增进感情的效果。如上例中孟天在论述中同时对宋博宁进行安抚，柳岩对孟天发言的打断。

例(3)中，韩冰在论述中运用了比喻手段论证追求幸福的前提是需要照顾好家庭，韩冰用"吃父母的肉"比喻啃老，但是"吃妻子，吃孩子的肉"这两个比喻不符合汉语和中国文化的常识和常规，所以何炅$_2$皱眉，这是体态语的反馈，字幕提示：比喻怪怪的。韩冰$_3$继续发言，何炅$_3$提取已经折叠的话题韩冰$_2$进行发言，通过幽默的方式"好想吃肉"委婉地表示韩冰$_2$用词不当，大家$_1$对何炅$_3$进行回应，通过笑声进行附和。韩冰$_4$也对何炅$_3$的插话进行了正面反馈，我是一个吃货，所以会习惯用吃肉来打比方。由于"吃肉"这个题外话的讨论，为了重回中心话题，詹姆斯$_2$通过提示语"你提到的这个问题"来提取被折叠的中心话题，而"没有听到……"也是提取前面被折叠信息的提示语。在这个例子中，韩冰$_3$就在谈话中同时探讨了追梦是否要照顾好家人，又和何炅$_1$对依靠家人和吃肉的比喻进行了讨论，在线性时间里同时对相关的两个话题进行了讨论，这是多元文化背景下汉语交际的双线模式，我们认为这也属于话语重叠现象。

那么话语重叠具体有哪几种类型呢？考虑到上述话语重叠的因素，以及话语重叠常常作为交际手段出现在话语冲突中，根据有无冲突，如观点冲突、立场冲突、面子冲突等，结合多元文化背景，兼顾非语言因素传递的信息和言外之意，我们把话语重叠分成非冲突性话语重叠和冲突性话语重叠。

非冲突性话语重叠发生在有序进行的多元文化交际过程中，多位交际者同时说话的重叠时间较短，交际者之间是良性关系，出现话语重叠的目的多为合作互助、补充信息、附和造势等，话语重叠发生后，交际者之间相互配合，主动调整发言顺序，排除阻碍，维护交际的顺利进行。尽管话语重叠的形式本身即为交际受阻的一种表现，因为我们承认它的非冲突性，本书不具体分析非冲突性话语重叠。

谢格洛夫(Emanuel Schegloff，2000：29)提出了四种非问题性重叠：话轮终端重叠、反馈插入式重叠、邀入式重叠和齐声重叠。我们在已有研究基础上加以研究，提出 5 种非冲突性话语重叠：话轮终端重叠、反馈插入式重叠、邀入式重叠、帮助式重叠、附和造势重叠。这里不详细论述。

从多元文化背景下汉语交际冲突的类型来看，其中冲突性话语重叠容易从常规冲突发展成失序冲突。话语重叠持续时间较长，发生交际冲突的两个或多个交际者的负面情绪增加，他们常通过体态语以及有声现象等副语言抢得话语权。冲突性话语重叠中，交际者之间自由竞争话语权，有通过说服策略一方压过另一方的情况，有通过妥协策略退让的情况，也有陷入纷争、需要有权力的第三方使用协调策略来重建话语秩序的情况。

多人多元文化背景下的汉语交际冲突有一个逐渐发展的过程，先前交际中的反对、指责、侮辱，都会为后面话语冲突埋下隐患，甚至直接激化话语冲突。

冲突性重叠是交际者受到恶意评价或人身攻击，出现负面情绪和非理性心理，致使多人多元文化背景下汉语交际偏离了正常秩序。在负面情绪的支配下，交际者在措辞、话轮交替交际原则上不再遵循秩序，出现长时间的话语重叠。冲突的结束多通过第三方交际者调解，也有冲突者的自行调整。

（41）宋博宁₁："我觉得北美人都很奇怪的。你们刚才，我看，你们争，就是这个垃圾食品，你说面包，肉，面包（用手比划一层一层放上去），我发明了，我很自豪，我来自发明了｜孟天₁："那难道我们吃虫子吗？吃蜗牛好吗？"｜这个破东西的国家。"孟天₂："我觉得好恶心哦。"宋博宁₂："蜗牛，很好吃啊。"孟天₃："恶心。"宋博宁₃："这个是个人的口味，你觉得恶心……"｜孟天₄："你没口味，我也没办法啊。"宋博宁₄："你没文化，我也没办法。"大家₁哈哈哈笑。沈凌₁："你们是在练绕口令，是不是？"

上例宋博宁在发言中提到"垃圾食品""破东西""你没文化"，孟天也针锋相对，说法国人"吃虫子""好恶心""没口味"。双方不遵循话轮交替机制，孟天₁在宋博宁₁发言过程中就直接插话，质问难道法国人吃虫子、吃蜗牛的行为好吗？孟天₄直接打断宋博宁₄，出现了话语重叠。双方完全违背礼貌原则，故意说让对方受损、让自己受益的话。话语冲突的结束是大家₁用齐声重叠的笑声这种表意性发声来缓解冲突。

（42）詹姆斯₁："如果你自己不想要，这个 OK，我能理解，但是如果你觉得其他的人，不应该这样，为什么呢?"｜孟天₁同义附和："跟你们有什么关系?"｜布莱尔₁："是因为如果给你们打一个比方吧，｜有人₁："嗯哼。"｜我妈养我们的小狗 dylan，dylan sugerman 的时候，有一些很小的细节你要注意，比如说，人（重音）要吃饭在先嘛，如果你不这样做的话，你的狗（重音），你的宠物就会觉得（字幕：要让狗狗知道家里谁才是老大）它跟你的地位是一样高的嘛，｜李斯羽₁不解地双手摊开："那又怎么样呢?"（字幕：完全不在乎，那又怎样呢?）｜布莱尔₂："因为、因为、因为这样的这样的，你不在的时候，它就会叫啊，然后你睡觉的时候它也会叫，让你醒来，（字幕：苦口婆心，没有规矩难成方圆）这些小的事情如果你不给它培训的话，那｜大卫₁插话："小孩子也会这样，养个小孩子也会这样啊。"｜布莱尔₃同时说："就跟野狗野宠物（用词不当，流浪狗）一样。"｜韩东秀₁："让我补充一下布莱尔的意见，反正我也是一个观点的，然后我非常同意你的观点，左右两边的孟天₁和穆雷₁嘘他，用的是含糊音，ruel:::。（字幕：左右夹攻）

上例是冲突的激化期，在语篇手段上多次出现话语重叠，话轮推进快。詹姆斯、孟天、李斯羽、大卫持同一论点，赞成把宠物当成小孩来养；而布莱尔和韩东秀则认为不能把宠物当小孩养。詹姆斯₁质问布莱尔为何干涉别人？孟天₁也通过附和式话语重叠质疑布莱尔管得太宽。布莱尔₁和孟天₁同时发言，强调要对宠物进行调教，学习规矩。李斯羽₁不等布莱尔说完，就插话反对布莱尔的观点，宠物不学规矩又怎么样？李斯羽₁的反对让布莱尔₂情绪波动，表现在话语中就是布莱尔₂突然结结巴巴，多次重复本人语步"因为、因为、因为",思路不清。而大卫₁在布莱尔辩解的时候,也插话反对,指出小孩子也难学会规矩。布莱尔₃同时发言,就跟野狗"野宠物"一样。布莱尔情急之下说出"野宠物",属于用词不当。此时,布莱尔₃和大卫₁两人各执己见,同时说话,互不相让,话语重叠出现时间较长。

(43)彭宇:"说到这个英语的话,呃,好像是分美式英语和英式英语,是吧?"孟天:"就好听的和不好听的。"沈凌(先):"哪个是好听的?"|彭宇(后):"哪个是好听的?"孟天:"美式的。"|布莱尔:"英式。"孟天:"啊,对不起,看它名字叫什么,英式英语对吧,还是美式|布莱尔同时说话:"这个什么逻辑,这个什么逻辑……"|你想说一门美语吗?还是说英语?"罗密欧:"我跟你讲啊,比方说你拿两个人,一个是美国人,一个是英国人,如果他们说同一句话,英国人会听起来更加聪明。"彭宇:"光说不练假把式。好不好。"布莱尔:"OK。"

上例话语重叠持续的时间较长,多次出现问句,伴有强烈负面情绪,这是冲突的激化期。来自英国的布莱尔和来自美国的孟天为了维护各自国家的语言而产生了冲突。争论的焦点是英式英语和美式英语哪个好?孟天先提出两种语言的区别是好听和不好听,沈凌和彭宇异口同声问哪个好听?孟天和布莱尔同时回答自己国家的语言好听,四个人中两两同时发言,话语重叠的持续时间较长。孟天先从字面上对美式英语和英式英语进行解释,也通过连续提问的方式来强调自己的论点。布莱尔在孟天发言过程中插话反对,重复本人语步"这个什么逻辑"进行强调。

(44)詹姆斯:"住我对面的家庭,他们有一个全职爸爸嘛,这两个女孩子在这个家庭,她们长大之后,我自己觉得还是挺正常的,她们和其他的女孩子没有什么差别……"|安龙反对:"可能,可能因为你不是这方面的专家。但是……"|詹姆斯立刻反驳:"你的意思是你是专家吗?"|罗密欧接话:"要说专家的话,我看了一个心理学家,

他说从心理的角度来讲，爸爸妈妈是一样重要。

上例话语重叠持续时间较长，话轮推进快，是冲突的激化期。上例中安龙在詹姆斯因为观点的不同而产生了冲突。在论述过程中，由于安龙违反合作原则，不等詹姆斯说完话就开始插话反对，说詹姆斯"不是这方面的专家"。安龙插话的形式以及发言的内容都威胁到詹姆斯的面子，詹姆斯在负面情绪的影响下，不等安龙说完，立即反驳："你的意思是你是专家吗?"话语冲突从观点冲突向人身冲突转移。如果安龙继续接话，冲突必将激化。罗密欧适时插话，引用专家的观点说父母双方都重要，安抚主导型冲突的冲突者，缓和交际冲突。

(45)普雅："妈妈回来了，妈妈回来了，不对，不对，还是灰大狼。"｜沈凌和彭宇同时指出："灰大狼?"｜大家笑场，普雅没有回应，继续讲故事。

沈凌和彭宇用反问句表达强烈情绪，形成话语重叠，激化言语交际冲突。汉语作为普雅的第二语言，在习得过程中可能会有一些忽视缺漏的地方。比如说大灰狼和小红帽的故事，普雅可能在文化和语言学习过程中，错将大灰狼记成了灰大狼，并且固化了下来。在上例的交际中，沈凌和彭宇指出"灰大狼"的偏误，形成话语重叠。大家的表意性笑声，都提示了普雅发言有误，但他没有任何回应，采取忽略策略继续讲故事。

(46)詹姆斯₁："孟天，美国是全世界最大的GDP，最大的一个经济(缺省了"体")，很多的因素是和你经济规模有关系，｜罗密欧₁："对，没错。"｜美国人｜宋博宁同时插话说："我跟你说，其实关键的……"｜(詹姆斯₂看了宋博宁一眼，意思是听我说完)的创造力，人均创造力不一定那么好，所以我……｜孟天₂插话(皱着眉头假笑)："难道是加拿大人吗?｜(字幕：一脸不屑)，美国我估计不是第一名。"宋博宁$_2$接上话："而且我跟你说，超级英雄，算、改良、而已！（重音，停顿）因为你说古希腊的，对，古希腊《荷马史诗》，因为你没文化，你可能没有听说过，｜孟天$_3$面无表情，字幕：我不生气，不生气。大家$_1$起哄："哦!::::"韩冰就用手捂着嘴巴。｜但是《伊利亚特》里面有半神，有英雄，就很像那些超级的英雄。而且呢，有一个意大利的一个哲学家，叫Umberto Eco（意大利语），20世纪的一个哲学家，他写了一本书，关于说超级英雄的来历，那么他说的超级英雄的祖先是法国大仲马写的，《基督山伯爵》里面的主人公，因为他以个人的他超级的能力，去摆平社会不公的现象。所以呢，你们美国人只是结合了法国伟大的作家的想象力，和当代的一些新的动画片的一些东西，是改良的超级英雄。"孟天$_4$翻了一个白眼："但是我想说的是，你们那么伟大，那么厉害，为什么不做呢，为什么我们做了呢?"宋博宁$_3$："因为我们创意已经很多了，你说法国的创意就是……"｜孟天$_5$："怎么杀蜗牛，（字幕：你们的创意我了然于心）怎么残害鹅。然后还有什么其他的……"｜宋博宁$_4$："你问任何人，我跟你说，服装设计领域的话，｜孟天$_6$："这确实不错。"｜你说，比如说，现在我从事的是金融行业，很多美国的投行里面，那些产品、新产品，都是法国人做的。"孟天$_7$："这个确实，因为法国人比较适合做美国人的员工。这个确实，我承认。"宋博宁$_5$撇开头，垂着眼睛耸肩笑，伸出食指在脑袋旁摇了一下。孟天摆出放马过来的姿势，用特别高和尖细的音："What's up? baby come out! 呜!"场面混乱，大家$_2$一起说话。詹姆斯3："孟天，孟天，法国好看的电影太多了，加拿大好看的电影也是挺多的，美国最关键的因素是，你的规模很大，所以你有很多什么文化产业的量。真的真的是挺大的。"宋博宁$_6$："这个是内行的人说的，所以肯定是正确的。"｜同时孟天$_9$："我们大是我们有错吗? 我们也没办法呀。"字幕：混战。｜詹姆斯$_4$："我的意思是说你们人均的创意力，不一定那么好。"孟天$_{10}$："所以你提到的这些因素……"

上例是由于国家立场不同造成的冲突，出现了多处话语重叠的语篇特征，孟天$_2$的反问句表达了强烈不满的情绪，宋博宁$_2$通过重音、停顿等表现出强烈情绪，大家$_1$同时使用语气词"哦!"，宋博宁3在发言时，孟天同时说话，并且使用"杀蜗牛""残害鹅"这些评价性的词表达负面情感，体现出话语重叠的语篇特征。上例中不同国家的青年代表各自国家，围绕美国国家创意力是否是第一名这个话题进行了辩论。詹姆斯$_1$首先提出美国只是规模大，人均创意力不一定好。罗密欧$_1$立刻用附和式重叠的方式"对，没错"进行肯定，不等詹姆斯说完，宋博宁$_1$使用"我跟你说"的话语标记想要插话，他的言行触犯了詹姆斯，詹姆斯$_2$用目光注视宋博宁这种体态语来表达自己的不满，并继续发言。宋博宁$_1$接收到了詹姆斯的抗议信息，停止了插话，结束了话语重叠。然而，反方孟天$_1$也不等詹姆斯说完，就直接用反问的方式回击："难道是加拿大人吗?"孟天的插话和詹姆斯的发言构成了冲突式话语重叠。宋博宁$_2$抢得话语权并抨击孟天"没文化"，不知道美国的超级英雄改良自《荷马史诗》和法国大仲马的《基督山伯爵》。宋博宁$_2$的发言使交际者之间的立场冲突、论点冲突变为人身冲突，对交际者产生了负面影响，孟天顿时"面无表情"，大家$_1$通过齐声重叠"啊"来表达惊讶并填补交际空白。话语冲突对冲突方的影响更明显，孟天用"杀蜗牛""残害鹅"等控诉性的话语表达了自己的不满和负面情绪，此外，孟天$_4$"翻白眼"的体态语以及质问，孟天$_5$抢夺发言权，孟天$_6$插话都能看出他的交际压力增大。从话轮对来看，宋博宁$_3$、孟天$_5$、宋博宁$_4$、孟天$_6$，宋博宁$_6$、孟天$_9$，两人针锋相对，形成主导型冲突，从话语重叠的类型来看，属于冲突性话语重叠，持续时间长。在争辩中还出现了大家$_2$一起说话的多元文化交际失序冲突，字幕显示混战。

在冲突激化期，话语重叠时间较长，对峙双方或多方各执己见，互不退让，表达自己的愤怒情绪和强调自己的观点。这时，话语重叠成为交际冲突的手段，交际者故意违背合作原则中的有序准则，话轮转换规则，冲突方通过提高音量、加快语速、重复自己语步或重复对方语步，以及利用一些非言语行为来抢夺话语权。因为冲突各方只说不听，交际陷入无序的争吵中，交际秩序遭到破坏，这是不健康的冲突性话语重叠，危害交际目的的达成和社交关系的和谐。在这种情况下，冲突语篇的结束，需要有权力的中间人进行调解和总结，例如前面提到的例(37)。

在例(37)中，穆雷先后和大卫、安龙等发生了话语冲突，穆雷插话大卫，通过增加音量、加快语速、停顿、改变语气、语码转换、话语重复等手段保持话语权。这引起了其他交际者的强烈不满，罗密欧$_1$、安龙$_1$齐声抗议："no，no，no"，他们用话语重叠、语码转化和话语重复的手段来强调和宣泄不满情绪，表明反对穆雷的立场。此时，大家$_1$同时说话，场面混乱，交际秩序完全丧失，属于失序冲突类型。而穆雷$_6$仍不愿放弃话语权。主持人沈凌为了从穆雷手中拿回话语权，结束言语交际冲突，试图劝解却不奏效。最后议事长彭宇通过敲击锤头这个象征权力的非言语行为，执行了自己作为议事长的机构性话语权力，使大家$_2$都安静，结束了这次交际冲突。

第二节　话语重复

话语重复是交际者在会话中对全部语步或部分语步的重复。基于对确定语料的研究，我们认为在多元文化背景的汉语交际冲突中，要同时考察重复现象及其语用功能。

1. 重复他人语步

重复他人语步指说话人重复上一话轮中说话者的话。有多个语旨：一是为了确定信息；二是为了表示赞成；三是为了追问；四是为了抢得话语权；五是为了强调。在言语交际冲突中，重复他人语步表现为追问和抢得话语权。

（1）追问

当听话人对上一说话人所传递的信息不理解，或认为说话人提供的信息量不足，希望进一步了解的时候，听话人可以通过重复上一说话人所说的信息进行追问，请求上一说话人就问题提供详细的解释和说明。

(47)吴雨翔语调低沉地说："其实我们德国人就取名字可能<u>比较随意</u>。"(字幕：闷闷不乐。)大家哈哈笑。柳岩重复："<u>比较随意</u>？意思是，请你说明一下，什么是<u>比较随意</u>。"吴雨翔："父母是按照一些他们最喜欢的偶像，就取一个名字。"

上例中吴雨翔所说的"取名字比较随意"，柳岩对"比较随意"的具体含义不清楚，于是重复他人语步，希望吴雨翔进一步做出解释说明。吴雨翔接收了柳岩追问的信息后进行反馈，具体解释"比较随意"就是"按照最喜欢的偶像取一个名字"。

(48)韩东秀："我是来自韩国的欧｜有人："欧巴。"｜巴，也同时在北京大学读书，在北京大学有个清唱团 Singsong 里面男高音前任部长。"旁人鼓掌。彭宇："高音……"｜李好："<u>清唱团唱</u>:::，(音调提高，音长拉长，同时回头看一旁的彭宇，意思是我来发言)<u>清唱团唱阿卡贝拉</u>？"韩东秀："<u>对，A cappella</u>。"彭宇："哦:::，晓敏："好难哦。"

上例中韩东秀自我介绍，彭宇对"高音"有兴趣进一步了解，而李好对"清唱团唱什么"有兴趣进一步了解，李好通过"提高音高，拉长音长"的有声现象，以及"看一眼彭宇"的体态语，竞争到了话语权。李好重复他人语步"清唱团"并追问韩东秀："清唱团唱阿卡贝拉？"韩东秀重复"Acapplla"进行确认，转换成英语进行回答，语码转换是对汉语阿卡贝拉转换成英文进行说明。

(49)刘芸$_1$："对，他是我们这一帮女孩子的男闺蜜。｜彭宇$_1$："真的。你们要讨好我。"罗密欧$_1$："<u>那你为什么还是单身呢</u>？"彭宇$_2$：

"啊?"罗密欧₂重复问题:"你为什么还是单身?"刘芸₂很惊讶:"<u>他是单身吗?</u>"罗密欧₃:"他不是吗?"大家₁:"哦::。"字幕:好像知道了什么。彭宇₃跟刘芸使眼色。韩东秀₁:"哥,你脸红了,哥,你脸红了。"

上例中刘芸₁说彭宇是她们的男闺蜜,结合之前彭宇一直对外称自己是单身的背景信息,罗密欧₁对疑问信息"单身"进行追问。彭宇₂一时没有反应过来,罗密欧₂重复了自己的问题"你为什么还是单身"。知道彭宇有女朋友的刘芸₂反问:"他是单身吗?"根据最佳关联准则,可以推断出,刘芸的会话含意是自己知道彭宇有女朋友,彭宇对外宣称自己单身吗?罗密欧对"彭宇是单身"这个焦点信息的追问,以及刘芸的反问,尽管没有人直接说出事实的真相,但是大家都能根据最佳关联从语境和话语中推测出刘芸的会话含意。大家₁:"哦。"的会话含意是:"我们知道你有女朋友了,你只是不想承认。""彭宇₃跟刘芸使眼色"的体态语,以及韩东秀₁揶揄彭宇"哥,你脸红了。"都说明大家心知肚明了。对他人语步的重复在这里行使了追问的语用功能。

(50)詹姆斯₁举手:"我觉得他们的观点真的<u>不健康</u>,因为你……"｜柳岩₁打断:"<u>不健康</u>?哈哈哈。"詹姆斯₂:"对,因为你从来不能假设这个人群的人都是坏的。"

上例中柳岩₁对詹姆斯₁所说的"不健康"不太理解,于是她打断詹姆斯并重复他人语步"不健康"进行追问,詹姆斯₂立即回应了柳岩的追问,对"不健康"的具体所指进行了解释。

(51)詹姆斯₁:"说实话,我觉得韩东秀刚才提到的几个点都<u>不重要</u>。"柳岩₁:"哈?"有人₁重复:"<u>不重要</u>?"韩东秀₁抬眉毛:"<u>不重要</u>?"詹姆斯₂:"自豪感,性感,这些点,真的<u>不重要</u>!因为我觉得我们世界上的语言的类型越少越好,因为我觉得方言或者语言越多,这个会产生距离感，陌生感还有冲突。

上例中，詹姆斯₁直接否认韩东秀的论点"不重要"，威胁到韩东秀的正面面子，有人₁、韩东秀₁重复他人语步"不重要"进行追问，希望詹姆斯提供有说服力的解释，詹姆斯₂在话语重复的追问下进一步解释。

（2）抢得话语权

交际者通过重复上一说话人的话语，尤其是关联词、发语词等，可以很自然地抢得话语权来发表自己的观点。

（52）……韩冰₁："为什么？因为……"孙骁骁₁："因为钱都在女人那儿。"韩冰₂："因为（重复）在泰国的文化，就是如果你结婚，要尊重女生，要把所有的钱｜穆雷₁："对。"｜给女人。

上例中韩冰₁的发言并未结束，从他使用的"因为"可以推知，他接下来要分析原因。但是孙骁骁₁通过重复韩冰所用的关联词"因为"抢得话语权。韩冰₂为了从孙骁骁那里重新拿回话语权，再次重复了关联词"因为"而抢得话语权。

（53）……安龙₁为了抢话语权，突然站起来，并且用手指点头部，强调脑子，说："你是用脑子爱她还是心爱她？｜吴雨翔₁同时说"肯定是心。"｜心不需要时间了。"食指竖起来，在脸庞左右摇晃，表示否定。"大卫₁加入辩论，激动地拍手，（字幕用黄色字体显示：一个战斗机图片，战斗模式开启），"但是心不能离开脑子。"大卫₂激动地转向安龙，并且重复了一遍"心不能离开脑子"，同时用手对着头，拍手站起身来，准备发言，"所以……"却被安龙₂一把拉住，按在座位上，大卫₃抗议："诶诶诶！"，安龙₃："我跟你说……"

上例中大卫为了抢夺话语权，重复吴雨翔₁上一话轮中的关键信息

"心"，"但是心不能离开脑子"，大卫$_2$又重复了本人语步，希望抢得话语权进一步发表观点，而被抢白的安龙$_2$直接使用体态语"一把按住"大卫，重新抢得话语权。

> （54）……安龙$_1$很认真地回答："对，这个问题我也有时候会有（缺省'想到'），所以我觉得她 18 岁以上，还是要学会分得清。"大家$_1$："诶，对。"彭宇$_1$："所以呢，我觉得有时候小朋友是非常天真的，他们其实呢，对这个世界是充满着好奇。同时呢，对自己生命的本体，也是产生好奇的。"沈凌$_1$想插话："这是天性……"彭宇$_2$为了保持话语权马上接过来："这是一种天性，所以我觉得我们不要去避讳它。我们用一种小朋友可以接受的方式，慢慢地去引导他，就 OK 了。"

上例选自交际冲突的结束期，是话语权导致的言语交际冲突。主持人彭宇$_1$准备做总结性发言，而主持人沈凌$_1$也想通过插话来抢得话语权"这是天性"，但是彭宇$_2$通过重复沈凌$_1$的语步"这是一种天性"，重新抢得话语权。

2. 重复本人语步

交际者在发言中重复本人语步，有 6 类情况：一是不利话语，说话人说不利自己或他人话语前的犹豫造成的重复；二是强调提醒，说话人为了强调关键信息，提示抗议，营造气氛而出现的重复；三是组织语言，说话人拖延时间，整理思路，组织语言的重复；四是发言中断，说话人被人打断发言或自己中断发言后的重复；五是清楚表达，在多人话语重叠的嘈杂环境中，说话人为了使自己的发言被人听清的重复；六是说话人为了抢得话语权的重复。

（1）不利话语

在交际冲突中，说话人为了证实自己的论点，或遵循合作原则回答别人的问题，说话人会遇到不得不说出一些对自己或对方不利话语的尴尬情况，这会让交际者产生负面情绪，出现重复。

（55）彭宇："你是过来赚钱的是吗?"王栎鑫："我就是，就是把节目的那个劳务费也赚了，再额外赚一点，就是，你知道的，零用钱。"

上例中为了回答彭宇的问题，嘉宾王栎鑫不得不说出对自己不利的话，这使得他产生了尴尬情绪，并且在话语上表现出犹豫和重复，从而在回答重要信息前重复本人语步，"我就是，就是……"

（56）詹姆斯："我同意他的看法。因为我和我的亲妹妹，我们的差距只有3岁。然后我们小的时候，会经常，呃，争、争宠，肯定的，这是我的，我的亲妹妹，这是我们，我们小的时候。"

上例中詹姆斯为了支持上一说话人的论点，用自己的真实案例作为论据，但是说到自己会"争宠"时，他产生了尴尬、不好意思的情绪，因为这不符合绅士和成熟男人的形象，表现在话语上就是重复本人语步："争、争宠"，"我的，我的"，"我们，我们"，"这是……这是……"

（57）韩冰_1："但是我认为我和韩东秀应该一样吧，就是选择跟父母在一起。"韩冰_2小声问韩东秀："是吗?"韩东秀_1不买账，面无表情地说："我，我是觉得沈凌哥这个方法非常好。"（字幕：我和你不一样）韩冰_3一脸惊讶的表情，手本来伸出去的，缩回来摸自己的太阳穴。韩东秀_2尴尬地呵呵呵笑。

上例中泰国人韩冰_1自认为同为东亚人的韩国人韩东秀会支持自己的论点，而把自己的论点"选择跟父母在一起"强加在韩东秀身上，威胁了韩东秀的面子。这一威胁面子行为引起了韩东秀不满，导致他违背礼貌原则的得体准则和一致原则，说出和韩冰论点不一致，并且对韩冰不利的话。韩东秀在发表对韩冰不利的话语前出现了"我，我是觉得"的犹豫和重复。

（58）彭宇："对，我们应该先问一下啊，黑木，你还希望那两位回来吗？"黑木真二："我不相信他们会回来。"（答非所问）沈凌和彭宇有点吃惊，音量增大："不相信他们回来。"韩东秀提示他："希望还是不希望。"黑木真二："不希望。"大家："哦。"黑木："因为<u>他们、他们不敬业</u>。"沈凌大吃一惊，嘴巴张很大，（字幕：用词这么狠），韩东秀也很吃惊。（字幕：说好的大家一起做朋友？）

上例中黑木真二因为要说出对别人不利的话，而重复了本人语步"他们、他们不敬业"。字幕中"用词这么狠"、韩东秀吃惊的体态语都说明黑木真二"不敬业"的评价不当，有很大的伤害性。遵循的礼貌原则，交际者一般不当面说人不好，因此黑木真二在发表反对观点前从心理准备还是语言准备，都需要一个缓冲，而重复在这里行使了缓和语气的功能。

（2）强调提醒

说话人重复本人语步来强调某个观点，提醒听话人注意，提示听话人根据汉语高语境文化，结合语境信息、自身背景知识和语言成分，寻找最佳关联，推测说话人的真实会话含意。

（59）吴雨翔$_1$："嘿，你好……漂亮。"然后亲吻了晓敏。（李好$_1$惊讶地张开嘴巴瞪大眼睛，手心摊开，闭眼抬头。后期制作了乌云雷雨在李好的头顶）（大屏幕回放和晓敏行贴面礼的嘉宾，包括罗密欧、穆雷、安龙），大家$_1$都哄笑，（李好$_2$把手交叉放在身前，防御姿势）。彭宇$_1$："<u>没关系，没关系</u>。"（强调）李好$_3$："前面的确是有些介意（把合拢的双手摊开），但是（闭眼）现在<u>已经习惯了</u>。"大家$_2$哄笑。晓敏$_2$（双手握拳在颈前，害羞）："你是做什么职业的？"吴雨翔$_2$："我嘛，我还在上大学，但是，我还在做模特。"主持人$_1$鼓掌："哦！"晓敏$_3$（看彭宇）："就觉得他的身材，走路的感觉都不一样。"彭宇$_2$："这个身材不做模特都浪费了。"李好₄对吴雨翔说："<u>走两步，走两步</u>。"吴雨翔₃："要跟我一起走吗?"李好₅："<u>不需要了，不需要了</u>。"吴雨翔₄："可以拿你老婆……(省略了："当女伴吗?")晓敏₄主动走到吴雨翔的身边。大家₃起哄："哦!∷"李好₅走向彭宇，彭宇₃安慰他："<u>没事，没事</u>。"同时拍李好的肩膀。李好₆闭眼，然后打开双臂，说："<u>我已经习惯</u><u>了</u>。"(字幕："已经习惯了＊2,"绿色字体)李好₇又重复："<u>我已经习惯</u><u>了</u>。"(字幕组标注："已经习惯了＊3)

上例对体态语和字幕的转写，可以帮助我们利用多模态来真实、全面地反映真实交际的动态全貌，尤其能体现交际者心口不一，言不由衷的真实情况，使我们更好把握交际冲突的过程和导因。德国人吴雨翔₁"亲吻"主持人晓敏并赞美她的行为，是外国人的礼节，但是结合背景信息，晓敏和李好是夫妻，在中国文化看来亲吻有夫之妇是非常失礼的行为。从李好₁的体态语"张嘴、瞪眼、闭眼、抬头"等，可以看出他十分介意。这是多元文化背景下非言语行为引起的交际冲突。尽管李好₃从话语上回应："已经习惯了。"但根据他的体态语"眼睛闭上"，说明李好言不由衷。李好和吴雨翔的对话中，多次重复本人语步，例如李好₄要求吴雨翔走台步时说："走两步，走两步。"李好₅拒绝吴雨翔的走台邀请说："不需要了，不需要了。"面对晓敏和吴雨翔一起走台的行为，李好₆一再重复本人语步"我已经习惯了，我已经习惯了。"这都是李好在应激和冲突情况下，通过重复本人语步来强调观点，通过重复延长话语长度，填补话语空白，进行自我安慰和立场确认的手段。值得注意的是，在这样的语境下，彭宇的发言也是 AA 式重复模式，彭宇₁重复本人语步"没关系，没关系"，彭宇₃重复本人语步"没事，没事"，这受到李好发言方式的影响，也反映出交际冲突给彭宇带来了交际压力。彭宇通过重复本人语步，进行自我肯定，并安抚李好。值得关注的是，节目字幕中标注的"绿色"字体，从颜色上影射李好戴绿帽子，通过多模态的文化色彩信息透露多元文化背景下汉语交际冲突的导因。多模态语料的转写，帮助我们全面地还原了交际现场的方方面面，保证语料的真实性和有效性。

(60)布莱尔₁："谁听过 Alexander Graham Bell 的举手。"韩冰₁、詹姆斯₁、穆雷₁等举手。布莱尔₂故意说："谁听过那个什么，叫什么名字，叫什么?"布莱尔₃做出听的手势。吴雨翔₁："雷斯，雷斯先生。"

上例中布莱尔₂表面上是通过重复"什么、叫什么名字，叫什么"来强调自己不记得另外一位电话发明家的名字，而真实要传达的会话含意则是讽刺这位发明家名不见经传，不为人知。言外之意需要听话人根据语境和重复的语言成分，找到两者的最佳关联，进行推测。

(61)沈凌："必须要跟刘芸说，我们不是不可以聊彭宇的感情，只是我们聊了不确定是不是同一段。"彭宇着急了，双手挥动："诶，诶，诶，诶。我不是提案嘉宾，好不好? 首先，我们还是聊一下刘芸。"(字幕：岔开话题。)

上例中彭宇面对自己不利的情况，他通过不断重复本人语步"诶，诶，诶，诶"加以强调。根据最佳关联，联系语境和话语，可以推测彭宇重复本人语步的"诶，诶，诶，诶"的会话含意是抗议沈凌发言不当，提醒他注意发言。体态语"双手摆动"和反问"我不是提案嘉宾，好不好?"也是冲突激化期的表现形式。

(62)安龙₁说韩冰："人类可以设计一个比你还丑的人。"詹姆斯₁按住韩冰的大臂，安慰他。韩冰₁突然不知道怎么说，尴尬地笑："呵呵呵。"然后左右看，他右边的穆雷也伸手按住韩冰。安龙₂："你不算，我觉得大自然做的还不错。"(字幕：你现在长成这样，应该要感恩。)大家₁发出稀稀落落的笑声。韩冰₂双手举起来晃动，有点懵地问："他在夸我，还是他在骂我?"字幕：彻底蒙圈。沈凌₁："夸你，夸你，夸你。"

上例中因为安龙₁发言措辞不当，说韩冰"丑"，侮辱性的词语激化了言语交际冲突，主持人沈凌₁马上重复本人语步"夸你，夸你，夸你"回应韩冰的疑问，维护韩冰的正面面子来安抚韩冰，以缓和交际冲突，维护正常交际秩序。

（63）江喃继续攻击孟天："其实他听不懂，因为我是来自大城市，他来自小城市。"青年代表惊呼："哦!"韩冰双手捂住嘴巴。韩东秀双手比划手枪。穆雷用食指指着孟天："太村儿了，太村儿了。"

上例中美国人江喃对美国人孟天的评价"来自小城市"很不友好，激化了言语交际冲突。青年代表的惊呼"哦"，以及韩冰双手捂住嘴巴，韩东秀比划手枪的体态语，都表明江喃的发言不当。和孟天有过节的穆雷则支持江喃，使用"来自小城市"的同义表述"太村儿了，太村儿了"，重复本人语步来强调观点，反驳孟天。

（3）组织语言

在言语交际冲突中，根据话轮交替规则轮到说话人发言，而说话人没有想好如何组织语言时，可以通过重复本人语步，如重复主语、关联词、填充语等发语词来拖延时间，组织语言。

（64）孟天₁："这是我们美国年轻人一种打招呼的方式，肯定是遇到女孩子不会这么做，还有那长辈什么的就不会。"（口头语：什么的）（后期字幕，彭宇的脸上三条尴尬的线，字幕"长辈，一个尴尬流汗的图标"，）晓敏₁笑得去拍彭宇的肩膀。大家₁也笑起来："哈哈哈。"韩东秀₁喊话彭宇："没事，我送你面膜。晓敏₂："老人家。"彭宇₁闭眼摇头苦笑："我:::我，哪个地方长得像个长辈啊?

103

上例发生在孟天用"年轻人"打招呼的方式和李好打招呼，却换了一种方式和彭宇打招呼，解释说"长辈什么的就不会"。根据关联原则，我们可以推测孟天的会话含意是说彭宇是"长辈"，这让和李好同龄的彭宇很尴尬，出现交际冲突。在回应中，彭宇通过"我：：：我"的拖音和重复，来争取时间，组织语言，同时表达自己的不满情绪。

（65）吴雨翔₁："……德国人特别热爱香肠，我们在，就在柏林打造了一个特别大的博物馆，│孟天₁一直在捂嘴笑，罗密欧₁没有憋住噗嗤笑出来，大家₁都笑起来。│是关于香肠。因为德国人真的热爱香肠配啤酒。诶，好像<u>中国、中国、中国</u>有一句话叫什么，饺子就酒，越吃越好。"│沈凌₁纠正："越吃越有。"│大家₂笑场。吴雨翔₂急了："你不要吵。就差不多，意思是一样。"

上例中吴雨翔说德国人特别爱香肠，大家觉得德国没有美食而嗤笑他，"孟天₁捂嘴笑"，"罗密欧₁噗嗤笑"，"大家₁,₂笑"。在这种不友好、不认可的语境下，吴雨翔想要引用中国的一句俗语来佐证德国人爱吃香肠喝啤酒的习惯具有文化共性，但是他一时间没想起来，就重复本人语步"中国、中国、中国"来拖延时间，组织语言。

（66）孟天₁一脸坏笑地举手："大卫，我想问一个问题，你如此的健康，你为什么黑眼圈那么重呢？（把双手放在桌子下面）（字幕：一脸无辜）罗密欧₁附和："对呀。"大家₁哈哈笑。大卫₁："<u>我，我，我，我</u>承认我经常熬夜。"韩冰₁也是一脸坏笑地举手："亲爱的，我有一个问题，哎呀，为什么你熬夜呢？为什么？"（字幕：笑里藏刀）大卫₂低头拍了一下桌子，开始掰手指头列举："你不懂，我的人气非常高，档期非常满，│柳岩₁笑："哈哈哈。"│然后就是<u>学习，学习</u>很累。"沈凌₁也加入："请问是什么样的档期安排，要在熬夜的时段呢？"大卫₃说不出，愣了，看着斜上方，不自信地说："<u>很多，很多</u>。"

上例中孟天₁的问题让大卫猝不及防，大卫₁重复本人语步"我，我，我，我"来争取时间，组织话语。韩冰的追问，让大卫₂底气不足，重复"学习，学习很累"来自我肯定，面对沈凌的追问，大卫₃无法回答只好含糊其辞，重复"很多，很多"。这是在言语交际冲突中，交际者使用重复来拖延时间，组织语言。

（4）发言中断

当说话人的发言被听话人打断、或因为自身原因中断，需要重新组织语言时，说话人常常会重复本人语步，既帮助听话人联系上文，又帮助自己整理思路。

（67）韩冰₁："有一个英国诗人，叫 Cristopher Marlowe，克里斯托弗．马洛……│大家₁嘲笑韩冰的发音，哈哈大笑。│韩冰₂："14 世纪的英国诗人，他说……"│李好₁插话，用手掌侧对着韩冰："韩冰，答应我一件事好不好，能不能不要再说英文。"大家₂鼓掌，哈哈笑。韩冰₃表情严肃，双手比划 OK，并且频频点头："克里斯托弗．马洛他说，Who ever love，│大家₃大笑，│that loved not at first sight. 意思就是，哪个谈恋爱的人，不是一见钟情。"旁人赞同。"嗯"，"啊"，"对"。

上文中韩冰₁在介绍英国诗人时，使用语码转换用了英文"Cristopher Marlowe"和中文"克里斯托弗·马洛"，由于韩冰英文发音带有浓重的口音，大家₁在他说英语的时候哈哈笑打断了对话。发言中断后韩冰₂重新组织发言重复本人语步"英国诗人"，李好₁插话和大家₂表意性的笑声和掌声又打断了韩冰₂的发言，韩冰₃在发言开头又重复本人语步，"克里斯托弗·马洛"。

（68）布莱尔："……我觉得 15 岁之前是一个孩子成长最重要的时段，呃，现在有很多人的专心能力比之前短了很多很多。因为每个人都是，诶，手机提示，震动，必须得看(表演看手机的动作)，<u>我自己回想，(卡到痰)我自己回想</u>，(重复)｜大家笑，布莱尔也笑。

上例中布莱尔发言中由于自身生理原因"卡到痰"中断了发言，扫除阻碍后，他重复了本人语步"我自己回想"。这是发言中断后的重复，为了使前后文连贯。

(5)清楚传达

在多人说话的话语重叠中，语境嘈杂，说话人的发言容易被杂音掩盖而听不清楚，为了让自己的发言被别人清楚听到，说话人可以重复本人语步来确保信息清楚传达。

(69)沈凌₁："好像，诶，中间有谁在乱哼｜旋律。"｜柳岩₁："而且我总觉得有走调。"大家₁看吴雨翔，开始各抒己见。沈凌₂："怎么……"吴雨翔₁："<u>你不要看我，不要看我</u>。"彭宇₁："<u>吴雨翔你一个人来一遍，一个人来一遍</u>。

上例中由于大家₁"各抒己见"，多人话语重叠导致语境嘈杂，说话人吴雨翔重复本人语步："你不要看我，不要看我"，这是为了使自己的发言被人听清，信息能清楚传达给听话人。接话的彭宇₁也重复了本人语步："一个人来一遍，一个人来一遍。"两个人的重复都是因为多人话语重叠语境嘈杂，为了让听话人能听清楚自己的发言，而使用的重复。

(70)宋博宁："为什么很多国家，能投票的国家，为什么是18岁啊？因为18岁，大家认为，你可以独立思考，你16岁我认为，不好意思，我认为你16岁说我要留学，你还不够成熟去作这个决定。"孟天不停地摇手和重复说："<u>每个人是不一样的，每个人不一样，每个人不一样</u>。"大卫也在同时说话。(字幕：各执己见，吵吵闹闹。)

多人会话中交际者论点不一致引起交际冲突。上例中孟天不赞成宋博宁的论点，他通过"不停地摇手"的体态语表示反对，还三次重复"每个人是不一样的"，这既是强调，也是确保自己的发言被听话人听清。因为当时大卫也在同时说话，根据字幕"各执己见，吵吵闹闹"可以看出当时的交际环境嘈杂，所以孟天重复本人语步是使自己的发言清楚传达。

(6)抢得话语权

在说话人没有指定下一个话轮接话人的情况下，听话人可以通过重复的方式来抢得下一个话轮的话语权，从而有足够的时间证实自己的论点。

(71)布莱尔₁举手："我来吧。我觉得爱情是需要一个缓冲期的，我觉得一见钟情这个事情，有可能也存在，但是我觉得两个人，还是需要一段时间互相认识一下，才能知道这个人到底是谁？然后才可以决定他们要不要跟这个人白头偕老。"吴雨翔₁插话，手指布莱尔："你说得太对了，你说得太对了！"因为你(手指着安龙)说到那个点，好像是好感，并不是爱情。"│大家₁同时发言，吴雨翔₂仍希望发言，不断重复："说到，说到，说到，说到……"大家₂仍然各抒己见，吴雨翔₃抗议，"停，我还没说完。"其他人马上住口，韩东秀₁用手比OK，然后用拳头堵住嘴巴。穆雷₁在嘴巴前比了一个拉拉链的动作，意思也是不说了，韩冰₁双手五指张开，掌心向前，从身体前方划至身体两侧，嘴巴撮起来。│吴雨翔₄："首先你要更多地认识一下，更多地了解一下你的对方，你跟他在一起一个月，你知道他的缺点吗？肯定不知道。"安龙₁："我想说你是典型的处女座，你是用脑子来爱她。│吴雨翔₅："可是，可是……"│安龙₂为了抢占话语权，突然站起来，并且用手指点头部，口里说："你是用脑子爱她还是心爱她？心不需要时间了。"(食指竖起来，在脸庞左右摇晃)│吴雨翔₆同时回答了安龙的问题："肯定是心。"大卫₂加入辩论，激动地拍手，(字幕：一个战斗机图片，战斗模式开启)，"但是心不能离开脑子，(大卫₃激动地转向安龙)，"心不能离开脑子"。拍手站起身来，准备发言，"所以……"被安龙₃一把拉住，按在座位上，大卫₄抗议："诶诶诶！"

上例中吴雨翔₁重复本人语步"你说得太对了"，支持上一说话人布莱尔，抢得话语权。吴雨翔₁的发言引起众议，他仍然希望保持话语权进一步阐释，他不断重复本人语步提醒大家结束发言听他说，"说到，说到，说到……"，但是多人话语重叠的现象没有结束，吴雨翔₃不得不抗议，"停我还没说完"保持话语权。安龙反对吴雨翔₄的论据，吴雨翔₅想要通过重复本人语步"可是、可是"抢得话语权，但是安龙₂同时竞争话语权，安龙用"站起来"的体态语引起注意，并且迅速发言抢得话语权。大卫₂不支持安龙的论点，他通过"拍手""起身"的体态语，以及重复本人语步"但是心不能离开脑子"的语篇手段，同安龙竞争话语权。安龙₃利用权力差距采用"一把按住大卫"的体态语保持话语权。大卫₄重复语气词"诶诶诶"抗议安龙不礼貌的行为。在没有指定接话人的情况下，布莱尔、安龙和大卫在多人多元文化背景下的汉语交际冲突中，多次采用了话语重复的言语行为，配合非言语行为来抢得话语权。

(72)吴雨翔₁插话："这个都不够，远远不够，我告诉你，(字幕：真的弱爆了!)就算你们都觉得德国的男人，他们可能就没有幽默感，或者特别的严谨是吧，但是"|孟天₁激动地插话："不是觉得有，就是!"大家₁哈哈笑。吴雨翔₂："我们确实，我们确实很靠谱，我想起来了，好像很多中国的巨大(用词错误，无人纠正)的女明星都是跟德国人结婚了。"

上例中吴雨翔₁维护德国男人形象，遭到孟天和大家的质疑，他希望保持话语权进行辩解，吴雨翔₂中重复本人语步"我们确实，我们确实"抢得话语权，强调德国人的优点。

(73)孟天₁："我说的是，(用手指着汉堡)这个是芝士汉堡。不是普通的汉堡，芝士汉堡是美国人发明的。我们是让原来不怎么洋气的东西，把它弄得非常、｜布莱尔₁插话："<u>孟天，孟天，我说、我说一点</u>、｜相当洋气。"布莱尔₂："因为虽然我是英国人，我应该有一个机会，为自己的国家慷慨激昂地辩论一把。"大家₁："好。"

上例中，布莱尔₁为了抢得话语权，重复孟天的名字"孟天，孟天"，并重复了话语标记"我说、我说一点"直接请求发言，抢得话语权。

(74)……孟天也摇手，同时说："取关、取关、取关。"（字幕解释：取关，取消关注，来自新浪微博的功能，表明断绝关系。）沈凌插话："<u>各位、各位、各、位∷</u>（加大音量，拖音），当孩子养，不代表他是无限制的溺爱、｜李斯羽："对。"｜宠爱。"

上例中，孟天为了强调观点，制造煽动性气氛，重复本人语步"取关、取关、取关"。言语交际冲突激化，沈凌为了缓和冲突，他通过重复称呼语"各位、各位、各位"，并利用"加大音量""拖音"等有声现象进行强调，希望抢得话语权。

(75)韩冰₁："……但是那一小条狗，（字幕组纠正成了：但是那一条小狗）他保护我，拼命保护我，有七八条狗咬了它，它都不管，为了保护我，我有一个问题，你凭什么说，<u>它不值得、它不值得爱</u>。"｜彭宇₁："等一下。"｜韩冰₂不理彭宇继续说："但是为什么……"｜彭宇₂再次插话："<u>诶，为了，我我我，诶</u>……"韩冰₃住口了，彭宇₃接话……

上例中韩冰₁在辩论中情绪很激动，出现了"那一小条狗"的语误，以及"它不值得、它不值得爱"的重复。彭宇₁想抢得话语权，他先通过话语标记"等一下"竞争话语权，但是韩冰₂不理会彭宇的要求，继续说话。彭宇₂通过重复语气词"诶"抗议，重复主语"我我我"来强调和暗示自己主持人的权力地位，从而抢得了下一话轮的话语权。

（76）……安龙："但是我们把这两个狗当成孩子。"沈凌："好，<u>各位、各位、各位、各位朋友们，各位亲爱的朋友们</u>，（沈凌把两只手在空中挥动，字幕：浮夸的和事佬），在我们录《世界青年说》到目前以来，从来没有见过，大家如此对撕的局面……"

上例发生在言语交际冲突的结束期，主持人沈凌为了缓解冲突，通过重复本人语步，如重复称谓语"各位、各位"，"各位朋友们"，"各位亲爱的朋友们"，来抢得话语权，希望引导话题健康发展，结束冲突。

第三节　会话修正

会话修正表现为交际者（说话人或听话人）对不连贯、不通顺、不正确等交际障碍进行修正。有正确修正和错误修正两种情况。

汪婷婷（2011：40）根据修正的内容将修正分为正确修正和错误修正。正确修正是指主持人在主持节目或嘉宾在回答主持人的问题出现错误时得到了其他人的修正，把错误的或者不合适的改成正确的或者合适的；错误修正是指主持人或者嘉宾的台词并没有错，但是为了达到使观众发笑的效果而故意去修正台词。

会话修正属于交际受阻现象。在交际冲突交际的冲突潜伏期、触发期、萌芽期、结束期等，交际者都可能因为交际冲突压力的影响，其语言能力、知识储备、应对策略等方面欠缺凸显，说出不连贯、不通顺、不正确的话语，从而引发自我或他人修正的语言现象。

和已有研究成果相比，多元文化背景下的多人会话修正有一些新情况。

　　"多人"可以是多位听话人，也可以是多位说话人和听话人，"多人"还意味着会出现他人 A 引导，他人 B 、C 修正的情况。多位交际者针对"阻碍源"发起修正，用话语或非语言行为请求有特定社会关系的交际者修正会话。

　　"发起修正"不仅仅表现在话语上，还表现在非言语行为上。不同说话人遵循的文化标准不一致，也会出现他人主动修正但不被说话人采纳的情况。

　　根据多人多元文化背景中的汉语交际冲突的语言事实，我们提出错误修正的概念，主要包括两种情况：第一，交际冲突方之间由于观点相左、立场对立、文化标准等不同，在交际中故意错误修正当前说话人的话语，有意说错话来强调各方差异，无视他人正确的会话修正，故意激化矛盾，制造冲突，故意违反合作原则、礼貌原则、威胁对方的面子，使自己或结盟成员在争论中说服对方，占据上风，这是故意设计的错误修正；从语料库检索到他人发起-自我修正 2 例 3 处"故意错误修正"。故意错误修正指上一话轮中的说话人没有错误，接话人为了挑衅、调侃对方，强调双方的差异性，威胁对方的面子，故意进行错误修正的言语行为。故意强化冲突，激化矛盾。有 1 例语音错误修正，2 例语义错误修正。

　　（77）韩冰₁："其实我不太同意。因为我在这个节目很长时间，做了很多，但是从来没火过。|孟天₁调侃："火锅。"|韩冰₂火大，瞪眼睛，语气冲："不是火锅，火过，OK?"|孟天₂："一般聊吃的嘛，我习惯了。"孟天₃用左手去整理了一下麦克风。"

　　上例中，因为韩冰的汉语带有口音，所以孟天在韩冰说"火过"后，故意错误修正为"火锅"。孟天调侃韩冰的汉语口音，违反了合作原则，威胁韩冰的正面面子，让韩冰产生负面情绪。韩冰"瞪眼睛"的非言语行为，以及"语气冲"的有声现象，都侧面反映出孟天₁的话语"火锅"触发了交际冲突。韩冰₂修正孟天₁的"火锅"，使用了语码转换"OK"、疑问语气来强调自己的不满。孟天₂采用妥协策略回应了韩冰的质问，缓和了言语交际冲突。修正结构是：阻碍原—错误修正—会话修正—澄清。

（78）江喃₁："美国就是东北东南，口音特别浓。"孟天₁："对。"江喃₂："然后就是我们西部，发展得晚一些，我们都是看电视长大的，所以说我们就学的最标准的普通话，美国的普通话，但是，我听他那个<u>肯德基州的那个</u>，│孟天₂大声更正："<u>肯塔基！</u>"│江喃₃又说："<u>肯德基州的。</u>"│孟天₃："<u>肯德基还没变成州，快了。</u>"江喃₄："确实，确实有点土了，而且说话太慢了（字幕：四川小哥，刀刀见血）"

上例中江喃来自美国大城市，孟天来自相对落后的肯塔基州。江喃₂"我听他那个肯德基州的那个"的发言威胁孟天的正面面子，增强自己的面子。他故意违反礼貌原则中的赞誉准则，把肯塔基州故意说成"肯德基州"，孟天₂立刻修正"肯塔基"，江喃₃故意错误修正"肯德基州"。孟天₃再次澄清，江喃₄忽略争论焦点，直接抨击肯塔基州说话的口音。修正结构是：故意说错（阻碍源）——修正——故意错误修正——澄清——转移冲突。

（79）布莱尔："但是有一些习惯是需要趁早来养成的，因为你<u>到</u>（拍了一下罗密欧的肩膀）那个罗密欧的年龄的时候，│孟天提示："<u>就晚年嘛。</u>"│罗密欧一直皱着眉头，双手在桌子上不停地拍，表示介意。

上例中布莱尔为了照顾罗密欧的面子，不说他人到中年，而是通过非言语行为"拍了一下罗密欧的肩膀"安抚罗密欧，用指示代词"那个"发起修正。孟天故意错误修正："就晚年嘛。"孟天的错误修正让罗密欧不满，从他的体态语"皱眉头""拍桌子"可以看出。罗密欧快四十岁，用"晚年"来形容明显错误，明知错误孟天还故意使用这个词，有如下原因：威胁对方的正面面子，增强自己的正面面子，孟天通过抨击罗密欧年纪大，来反衬自己年轻；为了幽默而调侃；两人之间存在语言冲突或人身冲突。上例的修正结构是：阻碍源——错误修正——非语言行为反馈。

第二，多元文化背景的汉语高级二语习得者，尽管能熟练使用汉语进行交际，但受到母语负迁移、汉语语言能力、冲突负面情绪等影响，交际者也会明知阻碍源所在，尝试修正，却未能正确完成修正，这是能力不足引起的错误修正。

交际者在交际冲突中面临压力时，导致错误修正。这种情况的错误修正属于能力不足的错误修正，是指把汉语作为第二语言的多元文化习得者，由于汉语习得过程中的语音、语法、词汇、语用能力不足，在多人汉语交际中尽管发现了偏误并试图修正，还是出现的错误修正。如下面两例：

（80）吴雨翔$_1$："我不能理解的，在美国就每个人就花钱花得太随意了。就有一个东西叫信用卡，然后你就随便花花花，就刷信用卡。"孟天$_1$："确实这个在美国是个问题，现在，就是我们之前也有聊过这个｜罗密欧$_1$："对。"｜话题，<u>其、但我觉得这个问题也不全在人民这边的问题</u>。"

上例中吴雨翔$_1$批评美国的信用卡问题威胁到孟天的正面面子，违反了礼貌原则中的赞誉准则，给孟天带来了交际压力和负面情绪，这使得孟天$_1$思路不畅，语言不连贯，"其、但我觉得这个问题也不全在人民这边的问题"，他在说出"其"后有停顿，修正后用"但"开头，但修正所说的话仍然不连贯，句末"……的问题"冗余。

（81）安龙："因为整容已经够发达。"王传君："呃$_1$，但可以去找东秀嘛。"大家笑。韩东秀："我觉得这个东西就是反人类、反自然的东西。"……韩冰："如果你感觉是反自然，现在在韩国，<u>并不是，非，每天反自然</u>。"（字幕：夹枪带棍：韩国天天都整容。）

上例中韩东秀曾提出反对修改基因的观点，这个话题被折叠了，韩冰重新提取了这个被折叠的话题，并提出反对意见"韩国整容反自然"。情绪激动，以及接下来的话语要违反礼貌原则，导致话语不连贯，"现在在韩国，并不是，非，每天反自然"。"并不是"后韩冰短暂停顿，修正后以"非"开头组织话语，属于修正错误。应该是"难道不是每天反自然？"尽管韩冰的话语不连贯但是他的意思能够通过上下文语境推测出来，所以没有他人再修正。在传播中，为了使表义清楚，字幕对韩冰的错误修正更正为"韩国天天都整容"。会话结构是：话题（被折叠）—新话题—重新提取被折叠的话题—错误修正。

第四节　有意回避

有意回避表现为说话人短暂或较长时间有意中断发言，是交际受阻现象的语篇特征。学界对于语言表达非流利现象的相关研究多从语音角度切入，以母语者或二语习得者的英语表达为主要研究对象，通过实验语音学的方法加以分析，旨在研究二语语言水平、语言学科专业背景知识等对语言非流利现象的频率、时间、位置的影响，并建立相关分类体系。杨军（2004）在《口语非流利产出研究述评》中指出："跨语言的非流利研究太少。但无论是研究非流利产出的普遍规律还是寻找二语非流利产出的独特性，跨语言的研究都是必须的。研究汉语口语产出非流利尤其有意义。"马冬梅（2012）在《口语非流利产出分类体系研究》将一名英国大学生和一名中国学生各自约10分钟的英语口语产出作为语料，在此基础上提出口语非流利产出新的分类体系。陈浩（2013）《第二语言口语非流利产出的重复现象研究》分析了中国英语学习者重复语的类型，统计不同种类重复语的频率，探索重复言语产出的规律性。Levinson（1983：326）Sacks，et al（1974，1978）将沉默分为三类："（1）话轮内沉默（within silence），指说话过程中的停顿（pause）；（2）话轮间沉默（interturn silence），表现形式通常为话轮把持人在说话中将此概念转换成彼概念时出现的'间隔'（gap）或'间断'（lapse）的现象；（3）话轮沉默又称意义沉默（significant silence）。"

根据现有研究对汉语口语产出非流利现象研究不足的现状，本节结合多人多元文化背景下汉语交际冲突真实语料，从语用视角，根据停顿时间的长短以及有无特殊会话含意，能否单独充当一个话轮，将汉语多人会话中非流利输出的有意回避，分成停顿和话轮沉默。

1. 停顿

停顿指会话语篇中发言的短暂中断。因表达的需要而出现的正常停顿（如逻辑停顿、语法停顿）不属于汉语交际冲突研究范围。我们研究的是障碍停顿。

停顿目前有何分类？曾毓美（2008：121）指出停顿也叫做间隔，是指说话或者朗读中发音的暂时停止。吕叔湘（1990：320）指出停顿语气可以分两类：（1）提示；（2）顿宕。提示是指有意停一停，唤起听者对于下文的注意；顿宕则不一定是有意为之，往往只是由于语言的自然，如一边说一边想，下句不接上句。我们认为停顿可以分为障碍停顿和功能停顿。顿宕对应障碍停顿，提示对应功能停顿。

（82）罗密欧$_1$："有一天我在英国，刚好，有一些朋友，英国人，他们是从意大利带来意大利的意粉，我看他说，我来做意粉吧。虽然他买的是意大利的……（停顿$_1$）｜韩东秀$_1$："原材料。"｜罗密欧$_2$："美食材料，原材料，但是我非常不相信英国人（停顿$_2$），煮面的（省略了"技术"）。"大家$_1$哈哈笑。｜布莱尔$_1$把头撇开，眼睛看下方，字幕：我的心好累。｜布莱尔$_2$拿起桌子上的餐刀捅自己，意思是又来一刀。

上例出现了两次停顿，第一次停顿是罗密欧$_1$发言中在心理语库中没检索到合适的词语而出现的顿宕，属于障碍停顿。因为停顿本身是一个邀约信号，韩东秀₁接收到了邀约信号而提供"原材料"，帮助罗密欧完成发言，于是出现了韩东秀₁和罗密欧₂同时发言的邀约式话语重叠。

第二次停顿是功能停顿，罗密欧为了强调英国人煮面不好吃，而在"不相信英国人"和"煮面"这个不存在语法停顿的位置，出现了停顿。同时，因为罗密欧₂所说的话违反了礼貌原则，说了对英国人（布莱尔）不利、对自己（意大利人）有利的话，此处停顿₂也有提示并缓和交际冲突的作用。

功能停顿是说话人在话语表达时，为了达到强调内容，降低伤害和减少尴尬等目的而出现的停顿。功能停顿的使用能增强表达效果，交际者用停顿来呼吁关注，降低交际中违背礼貌原则的伤害。当说话人准备说出对人不利或对己不利的话时，可以使用功能停顿来缓和语气。功能停顿的作用有：①强调，②降低伤害。功能停顿是避免冲突的方式，我们在此只作简单介绍，不详细论述。

（83）詹姆斯₁："我觉得我做到吧，我天天吃的东西都是非常的健康，我天天会吃20个鸡蛋。"｜柳岩₁和李媛₁很吃惊，柳岩₂大喊："二十个鸡蛋?!"詹姆斯₂："对啊，之前我会吃30个，但是现在我只吃20个。然后我会把他们放在一个搅拌机，｜柳岩₃："这是谁告诉你的养生方法?"詹姆斯₄："啊:::，（停顿₁）这个是（停顿₂）我自己发明的。"（字幕：詹皇自创，独此一家）柳岩₄哈哈笑。沈凌₁："可是我为什么记得上学的时候，生物老师告诉我说，人体一天摄入的鸡蛋其实就，｜柳岩₅连忙大声说："一个!"｜沈凌₂愣了一下（停顿₃），："一个还是（停顿₄）两个。"

上例中出现了三次停顿。停顿₁前出现语气词"啊"的拖音和停顿₂前的话语标记"这个是"都用于填充交际障碍的空白，是詹姆斯₄对要说出情理上没有依据的话，进行心理准备而出现的停顿，是功能停顿。而沈凌₂出现的停顿₃是对于自己要说的话不确定，是因为犹豫、进行话语组织和认知检索而出现的停顿，属于障碍停顿。

障碍停顿是说话人在进行话语表达时，由于检索词语，组织话语，思考问题，理清思路等因素而出现的停顿。是说话人的语言能力和认知能力的障碍导致交际受阻。

（1）词汇检索的停顿

说话人在发言过程中，由于思路不清、记忆短路、认知欠缺或者情绪激动而出现的词汇检索困难的停顿。

（84）布莱尔感觉自己说错了："诶，不不不不，等一下，不是，每个国家可能有一些……（停顿）｜罗密欧提示："奇怪的东西。｜奇怪的东西。但是也不一定是普通的老百姓会吃到的东西。"

上例中布莱尔在情绪激动的情况下，极力想要说服大家，但因为词汇检索困难而出现了停顿。语音上的延长以及停顿，成为邀约信号邀请在场有一定汉语能力的听话人帮助布莱尔完成句子。罗密欧在接收邀约信号后，提示"奇怪的东西"，布莱尔接受了罗密欧的帮助并且采纳建议，完成了会话。

（2）话语组织的停顿

说话人在发言中由于谋篇布局、话语组织、语言形式选择上出现障碍而产生的停顿。

（85）安龙$_1$："我，就是我喜欢，参观。"｜刘芸$_1$笑："参观？停顿$_1$，参观，他卖门票吗？"有人说$_1$："参观。"安龙$_2$反应过来："我喜欢观察。"｜穆雷$_2$同时提示："观察。"｜

上例中安龙所说"参观"用词不当，刘芸想要用合适的方式提示他，在点出不当用词"参观"后，她短暂停顿，用以思考如何组织话语，可以得体又委婉地告知安龙用词不当。在刘芸的提示和穆雷的主动帮助下，安龙对阻碍源进行了自我修正，把"参观"改成了"观察"。所以上例的停顿₁属于话语组织的停顿。

  (86)孟天₁："然后就是花了两个月的时间，学这首歌。然后到了北京之后是提前两个星期开始参加这个彩排，而且我每天彩排是五个小时的时间，都是为了这一段歌词，青山在，人未老，五秒钟。(做画面切换的手势)"晓敏₁："那你唱一下好不好。"代表们₁："唱，唱，唱!"鼓掌。孟天₂唱歌："青山在，人未老，人未老。过去了，完了。"主持人₁："啊，就这么多?"双手摊开。晓敏₂："高潮呢?"彭宇₁："所以(停顿₁)，就这一句是吧，换句话说，我在看电视的时候，我可能一包面膜掉地上，捡起来，你就没有了，是吗?"韩东秀₁竖起大拇指，表示赞同。

  上例中在主持人₁、晓敏₂相继发言的情况下，彭宇₁急于抢得话语权，他用关联词"所以"作为发语词抢得话语权后，因思考如何组织语言，而出现了停顿₁，根据随后出现的填充语，"换句话说"，可以看出停顿₁是彭宇思考合适的语言表达形式而出现的停顿，这属于障碍停顿。

  (3)思维过程的停顿

  思维过程的停顿是交际者回答问题前思考答复内容而出现的停顿。

  (87)沈凌："如果妻子说，我不想生孩子，我怕痛。你会怎么办?"(字幕：出难题)柳岩补充："我要保持身材。"韩冰："如果她这样说，我，(停顿)也愿意吧。"

  上例中面对柳岩提出与自己初衷相悖的问题，韩冰在回答时，明显停顿了一下，这是在回答问题前进行思考所出现的停顿。马红艳(2013)认为在东方文化中，适当的停顿或沉默，体现出说话人有认真思考问题，具有一定积极意义。这个停顿不是说话人刻意安排的，而是在发言中由于对问题准备不足，需要一定时间进行思考而出现的无意识停顿。

（88）韩东秀说：比如说沈凌哥个高的话，有什么魅力？"有人："呃，对。"柳岩质疑："诶：：：？（音调上扬）"沈凌受到刺激站起来。"韩东秀看到柳岩和沈凌的反应，马上说："不是，不是，不是。"（字幕：我说的是好话啊）韩东秀有点愣了，看着安龙。安龙帮腔："这个怎么反驳呢？怎么反驳？"沈凌："这个，（停顿），起来一细想，他还夸我个性，我好像也不好反驳什么。"安龙："对啊。"

上例中，韩东秀"沈凌哥个高的话，有什么魅力"的发言，因为论据指向沈凌个矮，让沈凌乍一听很气愤。沈凌先用指示代词"这个"抢得话语权后，再思考怎么反驳，这时出现了无意识停顿，后面的发言"起来一细想"更是印证了沈凌发言中的停顿是由于思维和认知过程而出现的停顿。这属于无意识停顿。

（89）詹姆斯看了看自己写的名字："啊：：：，这个是艾冰冰，不是艾沐沐。"因为我自己的姓嘛是 Alofs，这个艾有点像，｜柳岩："所以叫艾。"｜然后冰冰，我将来的老婆是范冰冰，｜沈凌哈哈笑到扑到桌子上，字幕范冰冰的头像："求放过。"｜所以我就用她的名字，所以叫这个孩子冰冰，而且艾冰冰也有一点听起来，｜柳岩："爱自己的老婆。"｜我爱李冰冰。（字幕：一直在告白，从未被接受）对，所以我觉得有点……｜柳岩很吃惊："啊！你又爱李冰冰了？"（字幕：两个冰冰引起的罗曼史）詹姆斯吓得眼睛瞪很大，眉毛挑起来："呃（停顿$_1$），爱（停顿$_2$）范冰冰。"柳岩挑事，拉了一下沈凌："他刚才心里想的是范冰冰，嘴上说出来是李冰冰诶！"

上例中出现的停顿是障碍停顿。詹姆斯口误，说错了表白对象，先说了范冰冰，后来口误又说成李冰冰，被柳岩指出后，詹姆斯首先通过体态语"眼睛瞪很大，眉毛挑起来"表示自己惊讶的情感，然后通过话语回应，动词"爱"前面的停顿₁和语气词"呃"，动词后面出现了停顿₂，都说明此时詹姆斯在认真思考，仔细确认自己的回答是否正确。

（90）罗密欧质问（语速特别快）："OK，在加拿大没有肯德基，麦当劳，星巴克吗?"詹姆斯："有（停顿），我们，（停顿）都有。"

上例中，詹姆斯回答问题中出现的停顿，是他在思考罗密欧提问中说的"肯德基，麦当劳，星巴克"，是认真回答而出现的无意识停顿。

2. 话轮沉默

话轮沉默又称意义沉默（significant silence）。毕继万（1995：275）认为是"交谈中做出无声的反应或停顿"，王虹（2006：137）称之为"话轮接续人放弃说话的现象"。话轮沉默是交际者应对交际冲突时，根据话轮转换机制，轮到交际者发言却不说话，超过正常停顿时间的语篇手段，用来表达言外之意。

学界对话轮沉默论述颇丰。"人们已经认识到言语交际还含有推理（Grice，2002），而且推理对成功的交际还很重要，因为推理形成语境假设，推理才能找到最佳关联。"（Sperber and Wilson，2001）话轮沉默不是话语意义的缺失，而是需要依靠语境中的最佳关联而推理出的特殊会话含意。Levison（1983：329）认为，"对话轮序列的预期不但能够在无声中寻求意义，而且能够给沉默赋予许多不同的含义。"Leech（1983）则认为："沉默的语用意义可体现为'礼貌'与'不礼貌'，是一种具有礼貌与否两个矛盾面的社会现象。"范蕴华，李杰群（1991：181）指出："会话中沉默的运用是人们在言语交谈中以时间的控制来传递信息的一种手段，是人类运用超语言力量的一种高等级策略的转换方式。""意义沉默的会话含意依话轮转换机制而产出特定意义，且其特定意义按话轮接续者的预期而形成，受到话语者诸多因素及其语用目的的制约。"（彭艳虹，2007）

我们以多人多元文化为背景，根据对言语交际冲突实例的归纳，认为话轮沉默有这几种情况：

（1）态度沉默

态度沉默指不同文化的交际者对交流中的话轮沉默或超长间隔（gap）有不同的态度。何自然曾指出："避免沉默也成了交谈原则，比如，大部分美国中产阶级人士在交谈中奉行'No gap，no over-lap'的原则。一旦交谈中出现冷场，其中一个人就开始讲一些无关紧要的事情来填补这段空白。"（Fasold，1993：40）可见，西方文化的交际者不能忍受沉默，觉得这是一种尴尬的冷场。东方文化的交际者认为回答问题之前的沉默，表示说话人在认真思考问题。"Larry A Samovar，Richard E Porter，Lisa A Stefani（2000：24）提出沉默的使用因文化而异。在东方，沉默是一种积极的交际策略；在西方，沉默行为则被视为一种消极、被动的反应。"（马红艳，2013）

例（36）是典型的主导型冲突，来自中美洲的穆雷说话冲动，直接问"普雅你自己认为你是一个很成功的人吗"，这个问题属于人身攻击，直接激化了人际冲突。来自伊朗的普雅沉默了一个话轮，他在思考怎么回答好这个问题。相比之下，来自西方文化的澳大利亚、美国和加拿大的交际者们则认为话轮沉默不好，他们无法忍受话轮转换间的超长间隔，立刻发言填补冷场和缓和交际冲突。美国人孟天发出惊叹语"oh my god！"通过填充语填补交际空白，这是缓解交际冲突的常见交际手段。

（91）柳岩$_1$："我最爱的是坐在我对面的韩冰。"韩冰$_1$惊讶地眼睛瞪好大，双手捂着自己的胸，然后惊讶地看左右旁边的人。沉默$_1$。（字幕：受宠若惊。）其他青年代表勉强地笑。（字幕：强颜欢笑。）柳岩$_2$："我真的看第一集，就是观众那种爱上他，我就，我会跟着他笑，跟着他哭。"｜韩冰$_2$为了表示自己激动的心情，很夸张地喝水。｜然后实际上，我发现他身上有很逗A的潜质。我就觉得韩冰就是世界上另一个我。我就是女版的韩冰。"韩冰$_3$沉默$_2$，嘴巴张开，眼睛瞪大，双手指着自己，却不接话。主持人沈凌₁把话轮抛给韩冰："这样开心吗，韩冰，女神这么夸你，你要怎么回应?"韩冰₄："开心的，(沉默₃了几秒钟，环视大家)，感谢妹妹的金口，虽然你骗我，我也开心，感谢你!(弯腰鞠躬)。"柳岩₃呵呵笑："哪有。"其他代表笑。

上例中，柳岩认真地夸奖了韩冰，韩冰₁却在柳岩₁发言后用长时间的沉默₁代替了一个话轮，配合"瞪眼、抚胸、左右看旁人"体态语，表达自己听到夸奖后又感激又惊讶的心情。按照话轮交替规则在柳岩₂发言结束后轮到韩冰进行回应，这时出现了沉默₂，韩冰₃用"张嘴、瞪眼、双手指着自己"的体态语，表示自己"受宠若惊"和不敢置信的情绪，却没有进行话语回应，鉴于他违反合作原则的行为，主持人沈凌₁直接点名韩冰进行回应。韩冰₄首先表示"开心的"，随后出现了长时间的话轮沉默₃，东方文化认为沉默能表示自己在郑重思考，结合他"环视大家"的体态语，根据 Sperber & Wilson(1986/1995)提出的"话语的内容、语境和各种暗含，使听话人对话语产生不同的理解传达了特殊的会话含意。"面对柳岩的极力夸奖，韩冰可以直接从字面上理解，也可以结合语境去理解。在场的每一个青年代表都有非常优秀的外形和内在，而韩冰的外貌最不出众，柳岩选择了最弱势的韩冰来大力夸奖，不合常理。韩冰根据这"明示的交际行为设想为这个交际行为本身具备最佳的关联性"，即柳岩出于照顾弱势，不得罪人的心理，礼貌地选择韩冰来夸奖，也就是韩冰随后说的"感谢你的夸奖，我知道你是骗我的，但是我很开心"。

(2)回避沉默

回避沉默是，会话中交际者遇到不愿回答的问题时，不回答的沉默。在论证中，交际者面对自己不利的问题，如果照实回答可能不利于维护自己的论点，或者有损自己面子或形象，或者涉及隐私不想公之于众，此时，交际者可以用回避沉默来代替一个话轮，让听话人根据上下文以及语境的最佳关联推测自己的真实意图。

(92)普雅突然反应过来自己说错了，马上更正："诶，我说的就是不要伤害，我应该欣赏这个人，我在乎的不是外表，而是她的内心。｜大卫想发言，尝试用手去碰普雅："诶，普雅，普雅。｜心理上的漂亮才是最有价值的。"大卫接话："我想问问普雅这个问题，就比如说你的女朋友很胖，｜安龙拍大卫的肩膀，想接话，大卫没有回应｜，然后有双下巴，然后就是她的牙齿很糟糕，然后就是她的头发很短，然后腿上有很多毛，你会喜欢这样的人吗?"普雅沉默了一个话轮。大卫继续问："会不会?"普雅说："我会喜欢。"大卫："重口味。"大家嘘他："NO，NO，NO，NO。"｜韩冰举手想发言｜孟天："好假，好假，好好好假。"

上例中普雅所持论点是欣赏一个人要看内心而不是外表。大卫假设了一系列条件，问普雅会不会喜欢这样一个外表很糟糕的人。普雅沉默了一个话轮。按照常理来说，这样一个外表糟糕的女人确实不具有吸引力，如果普雅回答不会喜欢，那么他坚持的论点就站不住脚了。因此，普雅采取回避政策，不回答这个问题，沉默了一个话轮。然而大卫不放过驳倒普雅的机会，他追问："会不会?"普雅只好根据自己之前的观点，做出"会喜欢"的回答。这一回答违背常理，大卫、孟天等人根据最佳关联原则，从普雅沉默推测出这并非他的真实想法，大家齐声说"NO"，孟天也说"好假"。在这里普雅的话轮沉默是回避策略。

(93)沈凌："是，你可以运用科学的思维逻辑找到这道题目的答案。沈凌问柳岩："是不是女生都会讨厌数学这门课?"柳岩警惕地看着沈凌，用一只拳头支撑下巴，沉默了一会儿，｜孟天做出笑的表情，但是没有出声｜然后翻了眼皮："诶，我们下一个问题吧。"（字幕：回避，回避）

上例沈凌的问题"是不是女生都会讨厌数学这门课?"柳岩如果回答是

的，那就是承认自己数学成绩不好，如果柳岩回答不是，就言不由衷，因此不论她怎么回答，都对自己不利。对此，柳岩沉默了很久，她在认真思考如何改变自己被动的局面，随后她采用回避策略直接用话语表明自己不愿意回答这个问题，"我们下一个问题吧"。字幕也提示：回避，回避。

（3）抗议沉默

抗议沉默指在会话中，不符合合作原则、礼貌原则等的一系列话语和非言语交际行为，给交际者的发言或者情绪带来负面影响，交际者可以用抗议沉默这种不配合的交际行为，以静默的力量来显示自己的不满，提醒对方注意自己的言行。

（94）李斯羽："……但是因为我比较巨型，（沉默）（看着詹姆斯），｜詹姆斯冲着李斯羽笑｜，其他青年代表哄笑："哦！"字幕：摊上事儿了。"哦。"｜哈哈哈。｜"哦……嚯……"｜詹姆斯反而竖起两只大拇指："很自信。"（字幕：自信的女人最美）李斯羽哈哈笑。（字幕：这话我爱听）

这段话的背景是李斯羽刚刚抗议过詹姆斯用词语"巨型"形容自己"高大"，属于用词不当的失礼行为。此番李斯羽主动提到自己身形"巨大"，并且使用话轮沉默，配合体态语"看着詹姆斯"。通过话语、非言语行为和语境的最佳关联，我们可以推测李斯羽的沉默一方面是提醒詹姆斯曾经用词不当的事情，另一方面也表示自己已经不再介意了。在这里，沉默代替了一个话轮，其言外之意要联系上下语境，通过最佳关联进行推测。

（95）布莱尔₁："Hello everyone, and welcome to the 9 o'clock news. My name is Blair Sugerman."｜大家₁笑。彭宇₁："明明是一个社会新闻，你把名字一爆出来就变成娱乐新闻。布莱尔₂沉默₁，不接话。沈凌₁提示："来，主播主播继续。"彭宇₂："严肃，严肃。"布莱尔₃重新说："It's 9 o'clock welcome to the BBC news, recently an English company has come out with a way of……" | 沈凌₂打断："What's your name?"布莱尔₄有点火了，严肃地看着沈凌，沉默₂了几秒钟，把双手在身体两侧用力捶桌子，抗议："你不是说不说名字的吗？我就不说了。"沈凌₃："因为我们很好奇主播叫什么，我们想知道主播叫什么。"罗密欧₁："下不为例。"

上例中，布莱尔对彭宇、沈凌拿自己的姓"sugerman"取笑的行为很不高兴。在彭宇₁调侃时，布莱尔₂就不接话，拒绝回答，话轮沉默₁的功能在于表达不满情绪并提醒对方注意。然而沈凌₂没有正视布莱尔的不满，再次调侃布莱尔的姓，激怒了布莱尔₄，他"严肃地看着沈凌"，使用话轮沉默₂，结合"用力捶桌子"的体态语，强调自己的愤怒情绪，抗议沈凌的不礼貌行为。此处的交际冲突源于沈凌跨文化交际意识的缺失，他所认为的幽默行为伤害了布莱尔的感受，一而再捉弄的行为，导致主导型交际冲突。对此，同为欧洲人的罗密欧认真提醒沈凌开玩笑要把握分寸，"下不为例"。在这里话轮沉默₁和话轮沉默₂都是布莱尔有意为之，表明自己不愿意继续这个话题，是提醒和抗议的会话语篇手段。

(96)喻恩泰："真的诶，你不写作业，你怎么能成绩好，同时还能读上大学？"(字幕：百思不得其解)穆雷本来在笑，露上齿，然后失去笑容，这是安龙说他生气的表现，安龙吐槽："哥斯达黎加的标准比较低嘛。"大家笑，起哄："哦！"穆雷觉得受到了很大的侮辱，看到大家还在笑，穆雷眉毛抬高，眼睛瞪大，嘴巴张大："哇！(沉默₁)，哇！(沉默₂)(一边说，一边环顾大家)哇！"

上例的背景信息是大家对穆雷耍大牌、发脾气的言行不太满意，穆雷又吹嘘自己从来不写作业却是学霸，对此大家纷纷吐槽。看到大家起哄，穆雷"眉毛抬高，眼睛瞪大，嘴巴张大，环视大家"，这些体态语表明穆雷处于应激、戒备状态，负面情绪增加。穆雷连续三次叹词"哇"的使用，以及话轮沉默$_1$和话轮沉默$_2$，都用来表示强烈抗议。

第五节　冲突中的语码转换

语码转换指在同一个会话语篇中使用了两种或两种以上的语言或语言变体。在多元文化背景的汉语交际语境下，由于英语具有高声望的社会价值，语码转换多在汉语和英语之间出现。

冲突中的语码转换特指，多元文化背景下汉语交际冲突语篇中出现的语码转换。多元文化背景下汉语交际冲突中，交际者为了证实己方论点或证伪对方论点，在不同语码间切换，与选定听话人进行交际，表达对他人或事物、言行的情感态度和评价，传达言外之意，或协助完成话轮。

多人多元文化背景的汉语言语社区中，语码转换现象(code-switching)是交际冲突的语篇特征之一。孙旭东 (1994)的抽样调查研究指出："双语社会中，制约双语人进行语言转换的因素主要是：实效性，场景的确定和替换以及交际双方的语言水平。"王国宇(1990) 分析了我国水族双语人进行语码转换时，反映出来的心理特征有：①流露民族情感；②表示尊重对方；③唤起回忆，旨在叙旧；④显示自己见多识广；⑤表示郑重；⑥表达愤怒；⑦表示隐私。已有研究成果给我们的研究奠定了基础。这些研究成果对多元文化背景下汉语交际冲突的语码转换研究具有借鉴意义。

语用学尤其是 Verschueren 的顺应论为语码转换提供了理论依据。由于语言具有变异性，多元文化的交际者可以在不同的语言单位和语言结构中"商讨"符合语用规则、交际策略的灵活表述方式。为了"顺应"特定交际目标，语码转换是一种很好的交际策略。为了顺应语言现实、人际交往、语篇连贯，多元文化的汉语交际者可能会在同一个语场中交替用两种或两种以上的语言或方言进行交际，及时在不同语言的心理词库中选择恰当的语言成分、语言结构，实现交际目的。

顺应论对语码转换现象有解释力。于国栋(2004)认为语码转换者主要是为了要顺应语言现实(Linguistic reality)、社会规约(Social Conventions)

和心理动机(Mental Motivation)。如图 11。

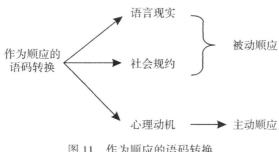

图 11　作为顺应的语码转换

多元文化背景的汉语交际冲突中的语码转换现象，要借鉴心理学的研究视角。于国栋(2004)从心理语言学的视角，提出语码转换的心理动机：趋吉避讳，创造幽默，标志身份，间接回答，缩短心理距离，排除其他交际者。

我们研究的是冲突中的语码转换。

1. 冲突中语码转换的类型

Poplack(1987：54)发展的语码转换类型：顺畅转换(smooth switching)和不顺畅转换(flagged switching)；Muysken(1995)提出语码转换类型：交替(alternation)、插入(insertion)和词汇等同(congruent lexicalization)。我们从多人多元文化交际的语料出发，吸取已有研究成果。从语用层面划分，冲突中语码转换的类型可以分成两种方式：(1)障碍转换；(2)无障碍转换。从语法、语义层面看，冲突中语码转换可以分成三种方式：(1)交替；(2)插入；(3)同义并置。两大类三种方式可以组合成一个体系，见图 12。

两大类三种方式可以组合成一个体系。

交替是不同语言间的真正的转换，要求语法和词汇要同时转换，在话轮中单独占据一个句子或分句，交替有无障碍转换和障碍转换两种类型。插入是以某一背景语言(汉语)的语法结构为基础，插入转换了语码的词汇，语法不变词汇变，插入包括无障碍转换和障碍转换两种类型。同义并

127

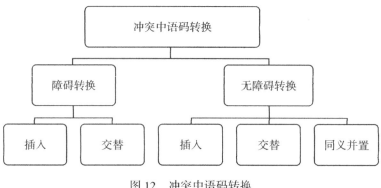

图 12 冲突中语码转换

置是多元文化交际者在言语交际中对不同语码的同义信息重复使用，是无障碍转换。

（1）障碍转换

障碍转换是指在交际冲突中，多元文化交际者的（汉语）语言能力不足、知识经验欠缺、论点对立、负面情绪上升等，引起交际受阻。为了完整表达信息以完成话轮，交际者被动转换语码来填补交际空白。障碍转换有插入和交替两种方式。

①插入

插入包括在话语中引用人名、地名的外语码。

（97）黑木真二："韩东秀，你发明的是，诶，几几年？"韩东秀："1976 年。"黑木真二："那个呃……"（字幕：我有话要说），孟天很吃惊的样子，双手五指张开，激动的晃动身体："哦？"詹姆斯则是把脸侧着，然后抬眉毛，瞪眼睛看着人。大卫也是双手张开，很激动的样子。韩东秀生气了："哎，我就说一个这么小的东西，你还抢啊。"（字幕：生气，生气）黑木真二："这个不得不说，｜柳岩哈哈笑｜因为1903 年有一个日本人，｜韩东秀撸袖子，字幕：你讲完我再收拾你。｜住在美国 chicago 的日本人，发明了一个，呃，就是做速溶咖啡的技术，还获得了专利。"

上例中黑木真二说"……住在美国 chicago 的日本人"，这是地名引用，黑木真二不清楚"Chicago"的汉语"芝加哥"，为了应对交际障碍，他采取插入外语码的方式完整地表达了信息。

插入还包括对外语码提示信息的使用，类似邀入式重叠。

（98）（前文穆雷提到西班牙语 bolo 是无知的，笨拙的。）罗密欧："没有分的男女，人是有四个脚，他有四个手，只有一个头。头有两张面，两张脸。可以往前、往后走的。宙斯非常怕这个人太强了，所以他把人分开，变成了一男一女。所以少了另一半。所以我去追追追他，但是用这个情侣装来证明自己找到了另一半，很，很，很……"穆雷主动提供帮助，用西班牙语："bolo。"罗密欧："很 bolo。"

上例中，罗密欧在发言中遇到阻碍，"……但是用这个情侣装来证明自己找到了另一半，很，很，很……"面对邀约，穆雷主动提供帮助，用西班牙语："bolo。"罗密欧采纳了穆雷的帮助说："很 bolo。"这是交际者遇到交际障碍时，为完成句子被动使用语码转换的情况。

②交替

当交际出现阻碍，交际者不知道如何回话时，为了避免超长沉默，缓和交际冲突，交际者可以使用交替的语码转换，占据一个话轮。

（99）彭宇帮腔："詹姆斯想显示一下，他有多么高端的朋友。"有人说："又来了，又来这一招。"詹姆斯很尴尬，重复说母语："Oh, my god. Oh, my god！"

上例中的语码转换"Oh，my god"占据了一个话轮。

（100）沈凌："帅哥、美女，帅哥美女。欢迎。"王佑硕："（对着沈凌）老师好，（对着彭宇）教授好。"宋轶："嗯，沈老师好，彭教授好。"沈凌："客气客气。"彭宇："来来来，请坐请坐。"沈凌："但我有一事要请教一下，就是两位为什么叫你（看着彭宇）是教授，叫我是老师。"王佑硕："（看着沈凌）因为你，你比较年轻。"沈凌："哎哟。"彭宇脸一垮。青年代表："哇。"沈凌："没错，你们叫得对。"大卫："沈凌，我觉得你应该做教授，因为你比较瘦，彭宇很胖。"韩冰很惊讶："Oh my god!"彭宇把头低下来，用手扶额头。沈凌："你们没有一个人能够安慰他一下吗?"韩东秀摇头。彭宇："就这个节目一定要这样，在我身上扎刀子吗?"沈凌："不会、不会。我们拔出来，等一下再扎回去。"大家哈哈笑。

上例中，大卫的发言"因为你比较瘦，彭宇很胖"让韩冰很惊讶："Oh my god!""Oh my god"这个英文语码的话语标记，是汉语和英语间的真正的语码转换，遵循了英文的语法规则和词汇要求，并且在话轮中单独占了一个句子，是交替的语码转换。

（2）无障碍转换

无障碍转换是指在交际冲突中，多元文化交际者为了证实相同论点并证伪相异论点而结盟，说话人常采取转换语码的手段引用人名、地名、名人名言、诗词古文，强调论点、情感。

①交替

外语诗文名句的引用，可以在交际冲突中增强说服力。例（67）"韩冰：'克里斯托弗．马洛他说，Who ever love，｜大家₃大笑，｜that loved not at first sight⋯⋯'"名人名言的引用是交替对话轮中一个分句的占据。

外语常用句包括外语感叹句、话语标记，交际者用来在冲突中表达感情和突出个人论点。

（101）⋯⋯韩东秀："我先解释一下，其实是1901年的事情，而且这个日本人不是日本人，是美国人。"｜孟天鼓掌："Yeah，we win!
（字幕：果然，还是我们厉害）｜不是在美国居住的日本人，是日裔美国人。"｜孟天尖叫："We did it!"｜……"

上例中"韩东秀：'……，是美国人。｜孟天鼓掌：'yeah，we win!'
（字幕：果然，还是我们厉害）｜不是在美国居住的日本人，是日裔美国人。'｜孟天尖叫：'We did it!'"中的"yeah，we win!"和"We did it!"两个感叹句都是交替的语码转换。

（102）柳岩："今天有一个问题，我们没有想那么多，是因为我们年纪是差不多的，｜罗密欧反对，把食指竖起来左右摇："No，no，no。"｜其实父母还没有到那种完全需要被人照顾的地步。"

上例中罗密欧对"no"这个用于否定回答的感叹词叠用，并占据一个话轮，这是用语码转换表达自己的强硬态度和强烈感情。

在争辩中多元文化交际者转换语码进行陈述，可以突出观点，并实现某些交际功能。

（103）韩冰："还有看电视剧，｜有人："好浪漫的爱好啊！｜最喜欢的就是甄嬛传。"晓敏："你看得懂甄嬛传吗？"韩冰："当然，本宫可以听得懂的。"字幕：左下角，甄嬛在想：你是本宫的泰粉吗？画面：罗密欧和詹姆斯交流画面。一个大大的"问号"在两人之间。晓敏："那好复杂的。"韩冰："其实可以非常简单地解释的。"韩冰："嗯，我用英文解释呢，"罗密欧（困惑脸）："英文？"同时手从桌子下抬到桌子上，看向詹姆斯。韩冰："Good Morning，ladies and gentlemen，today we gonna talk about zhenhuanzhuan，or the legend of zhenhuan，｜韩冰认真的表情和其他代表的困惑、憋笑、听不懂的画面对比｜F. Y. I. we can also call it，the rise of dark niangniang The story is very simple. First,

Hua Fei framed zhenhuan, zhenhuan defeated huafei. And the queen set up henhuan, zhenhuan turned down the queen. and at the end of The day, she become the empress dowager by herself. "罗密欧激动地用双手比划"什么意思?"大卫也学罗密欧比"什么意思。"彭宇:"真的是⋯⋯"晓敏先鼓掌,后来看到大家起哄,立马插话:"你们这样干吗,你们听不懂英语吗?"大家:"这是泰语吧。"晓敏笑。李好:"詹姆斯,你听懂了吗。"詹姆斯:"百分之四十。"

上例中,韩冰转用英文语码介绍了甄嬛传,这都是语码转换对整个话轮的占据。韩冰的英语语音能力不足,造成交际障碍,影响意义的理解。

通过转换语码可以使用低俗语,表达交际者的强烈情绪。它可以占据整个话轮或话轮的一部分。

(104)吴雨翔皱眉:"其他的国家也很浪费。"薛佳凝:"全世界大概是百分之二十七还是二十八的粮食。"|柳岩补充:"都是浪费掉。"布莱尔突然拍桌子,大声说:"God dammit!"大家哈哈笑。詹姆斯也重复布莱尔的话:"God dammit!你们怎么在笑呢?浪费食物的事情真的是很严重,你知道吗?"

上例中的"God dammit"是粗俗语,交际者需要表示愤怒情绪而使用粗俗语时,没有用汉语的"他妈的",而是转化成英文语码。从语码转换的类型看,第一个"God dammit"是对整个话轮的交替,第二个"God dammit"是话轮中第一个句子的交替。

②插入

无障碍转换的插入也有对人名、地名的外语码的引用,用来在交际冲突中增强说服力。

(105)大卫:"逗你们玩儿。逗你们玩。其实俄罗斯有各种各样的

　｜沈凌："西瓜。"｜喝酒的方法，包括西瓜。先给大家介绍俄罗斯的果酒，有一个俄罗斯的化学家，叫 Mendeleev（俄语），就是那个发明元素周期表的那个，罗密欧重复："Mendeleev。"大卫："Mendeleev，对，他发明了当代伏特加 vodka 的配方，这个酒已经变成了全球鸡尾酒的基础、基础酒。"沈凌："不是我觉得你讲鸡尾酒讲半天勾引大家的胃口，就没有鸡尾酒，你只有果盘啊。"｜大卫："但是。"｜沈凌："什么意思？"（同时说，沈凌质疑，大卫想解释。）｜安龙：酒呢？

　　上例中大卫发言："有一个俄罗斯的化学家，叫 Mendeleev（俄语）"，这是对人名的引用，语码转换用来在交际冲突中支持自己的论点。

　　无障碍转换的插入也可用来强调信息。

　　（106）吴雨翔："但 James，你每次都给我的感觉，你特别的 man，然后你今天给我们介绍的是那种……（停顿）｜大家都意会了，开始笑。有人说："特别娘的。那种欠……"（攻击詹姆斯没有男人味）大家起哄鼓掌。詹姆斯："这个，这个怎么没有男人味呢？和一个女孩子喝这个酒，吃点甜品的时候，我觉得很浪漫啊。"看着吴雨翔。吴雨翔微微点头。

　　上例中吴雨翔评价詹姆斯介绍的酒，"你每次都给我的感觉，你特别的 man，然后你今天给我们介绍的是那种……（停顿）"。吴雨翔通过省略、停顿和语码转换"man"的使用来强调自己的会话意图是指詹姆斯"不 man"。

　　（107）彭宇："各位当小朋友的时候，都有掉过牙齿，对不对？"普雅："有。"韩冰："有。"彭宇："那掉牙齿的时候，会怎么处理掉下来的牙齿呢？"詹姆斯："在加拿大，我们有一个牙齿精灵，所以父母会告诉孩子，你应该把你的牙齿放在你的枕头下，第二天会有一块巧克力在那边。"安龙："啊，美国也是巧克力？"孟天："No，美国是给

money 的，为什么给巧克力？你送巧克力什么意义？"安龙说："我们是硬币的。"孟天："一美金啊。"大卫："我们是纸币。"

上例中孟天发言："No，美国是给 money 的"，他通过"money"的转码插入，来强调"给钱"，反对"美国也是巧克力"的观点。

③同义并置

在多元文化背景下的汉语交际冲突中，交际者使用英语之外的外语码来证明论点，会影响意义的理解。因此，说话人为了清楚地表达新信息，扫除多国交际者之间的语言障碍，会使用多语码同义并置。

（108）韩东秀："嗯，我是非常重视我心理健康。"柳岩突然笑："呵呵，呵呵。"（字幕：莫名戳中笑点）韩东秀不解，停下来，看着主持人。沈凌也笑："你的意思是努力……"韩东秀问沈凌："她（指柳岩）笑是什么意思？（字幕：为什么笑我？）|沈凌停下来听完了韩东秀的话，没有回应，继续说："努力做到不变态是吗？"韩东秀一脸嫌弃的表情，同时摇手："不是，不是。"韩东秀："韩国有一句话说，스트레스는 모든 질병의 근본 원인입니다，是压力，stress，是万病的根源。"|大家："哦。"|比如我心情不好的话，就尽量心情快乐一点。"罗密欧问："怎么做？"韩东秀："因为我喜欢唱歌，|安龙："哦。"|那我就约朋友去唱歌，去啊。"安龙开始吐槽韩东秀："我们在酒店里，我可能可能隔了两三个房间，但是我在 11 点钟就听到，（安龙开始一脸苦相地哼歌，字幕：哭得好惨）|大家笑，哈哈。|"孟天帮韩东秀说话："那可能是刘欢吧，不是韩东秀。"韩东秀双手合十，对着安龙："那，那我错了。"

上例中，韩东秀发言："韩国有一句话说，스트레스는 모든 질병의 근본 원인입니다，是压力，stress，是万病的根源。"这是韩东秀在交际冲突中，先引用韩国俗语立论，再转用汉语"压力"和英语"stress"进行论证，

出现三种语言的同义并置。

（109）沈凌拿起马提尼："这是，这是谁，要推荐的?"孟天："肯定是我们美国人推荐的，首先我什么都不说，大家拿起你的杯子看这个。其实我不解释它已经够完美了，这个东西。这就是美国的马提尼酒。这是在美国 19 世纪的（缺省了"时候"）发明的一种酒，到 20 世纪在美国，变成美国的象征，有人说过这个酒是世界上唯一除了 Shakes、莎士比亚十四行（缺省了"诗"）Shakespeare's sonnets 一样美好的一个东西。"有人想插话，被孟天打断了："那就是这个马提尼酒。但我觉得大家……｜普雅攻击他："吹。"大家哈哈笑。｜孟天很惊讶，身体本来是放松地、突然坐直，停止了说话，有点不知所措，孟天想再次开口，被吴雨翔打断："天上有一个牛在飞，地上有一个人在吹。"孟天回应："让那个牛飞吧。"大家笑。孟天继续说："但是……"大卫打断："吹牛。"

上例中，"Shakes、莎士比亚十四行（缺省了'诗'）"，"Shakespeare's sonnets"的同义并置是孟天在交际冲突中，怕其他听话人对汉语专有名词"莎士比亚十四行诗"不清楚，同时转换英文语码用"Shakespeare's sonnets"进行解释说明，而出现的同义并置。

2. 冲突中语码转换的应用

语码转换在多元文化背景下汉语交际冲突的使用具有重要作用，是多元文化背景直接影响汉语交际冲突中的重要体现。Heritage（1984：242）指出，"说话者的任何交际活动重要性都与语境有着双重关系，一方面受语境制约（Context-shaped），另一方面又刷新语境（Context-renewing）。"狭义的语境指上下文，广义的语境还应包括交际情景、人际关系、背景知识。交际者之间的相互知识和了解程度，是多元文化交际者在交际冲突中采取语码转换的广义语境。

根据多元文化背景下汉语交际冲突的实证研究，我们认为冲突中语码转换主要用于评价，标志身份。

（1）评价

通过语码转换表达对人或事物的评价和情感，多元文化交际者在汉语和不同语言和语言变体之间的有意切换，委婉表示对人事或褒或贬的评价。交际者可采用否定回答的外语码如感叹词"No"对对方成员表示反对，也可使用感叹句"Oh my god"表示不赞成。

例（36）中穆雷的观点"我也认为我自己很成功。所以我肯定对我妈妈培养我孩子的能力，是没有任何的质疑。但是，我妈妈是有自己的生活。"孟天在穆雷发言中转用外语码感叹词"yes"强调自己非常赞成穆雷的论点。随后穆雷也在发言转用外语码感叹词"no"表示自己直接反对要求祖父母带小孩的行为。这是交际者使用语码转换的感叹词"yes"和"No"来行使赞成或反对的评价功能。

①间接反对

多元文化交际者在冲突中，常使用感叹词、感叹句等填充语来委婉表示对方的言辞不当，进行间接反对。例如"Oh my god!""Sorry"①。欧美人认为超长间隔具有消极意义，遇到语言障碍、社交尴尬的冲突性言语事件而出现超长间隔时，会用填充语来填补交际空白。

（110）詹姆斯："差不多，就是加拿大北部的北极光。我觉得真的是很浪漫。"大卫："在俄罗斯也有北极光。"孟天："那去俄罗斯呗。"孟天说完觉得自己说错了，马上用双手捂住嘴巴。詹姆斯很尴尬："呵呵呵。Oh! My god!"青年代表也笑。

上例背景信息是每个国家的代表介绍本国最浪漫的地方。詹姆斯介绍

---

①　"sorry"做感叹词有三种用法：1. 用于辩解、道歉；2. 用于表示没有听清楚对方的话，请对方再说一边；3. 用于纠正刚才说错的话。——《牛津中介英汉双解词典》（第 3 版）. 商务印书馆，2008：1109.

加拿大北极光，俄罗斯人大卫吐槽"在俄罗斯也有北极光"，触发了交际冲突，而美国人孟天推波助澜"那就去俄罗斯呗"，激化了交际冲突。詹姆斯转换语码"Oh! My god"用感叹句间接表示反对。

（111）普雅回应："其实 James，呃，算是很有魅力，尤其是在受到女性朋友的关注（偏误），他上周破了一个记录，在三十八秒之内，他留了一个美女的联系方式。"沈凌："三十八……｜彭宇："三十八，（然后两人一起说）三十八秒！"詹姆斯低头笑，双手拍了一下："哈哈，Oh my god."（字幕：熊孩子）詹姆斯说完就扣了一下自己的西装扣子。

普雅的发言"在三十八秒之内，他留了一个美女的联系方式"触发了加急冲突，让人觉得詹姆斯很轻浮，有损他的形象，威胁到詹姆斯的正面面子。其他交际者沈凌、彭宇起哄"三十八"，詹姆斯使用体态语"低头笑，双手拍了一下"，"扣扣子"，表意性发声"哈哈"缓和冲突，以及语码转换"Oh my god"，间接反对。

（112）沈凌$_1$："投给他的 321 一起指向他，好不好？你们认为时尚造型度最差的是？3，2，1！"大家$_1$一起指向吴雨翔。柳岩$_1$不敢相信："等会，他们指着谁？"（字幕：怎么可能是他？）吴雨翔$_1$特别吃惊，不敢相信大家指着自己，着急地问："罗密欧吗？"罗密欧$_1$指着吴雨翔，笑着说："No！你！"吴雨翔$_2$惊慌失措的样子："诶！"（字幕：告诉我，这不是真的！）沈凌$_1$："德国小公举吴雨翔。"（字幕：哦！妈妈！整个世界都背叛了我。）吴雨翔$_3$开始皱眉头，眯眼睛，双手先是指着自己的胸口，然后摊开。游天翼$_1$问："为什么呀？"吴雨翔$_4$："诶，诶，Sorry，这个我要问一下，为什么是我？这个？"

上例中，面对大家的手势的指认，模特出身的吴雨翔不敢置信，他试图问是不是邻座的罗密欧最不时尚，被冒犯的罗密欧$_1$情绪激动地否认：

"No！"。语码转换在这里有表示强烈情绪和限定听话人的功能。由于受到极大的刺激，吴雨翔$_3$不禁转换语码，用"Sorry"来表示自己不敢置信的感受和激动情绪。

（113）彭宇："我发现是这样啊，我们每一期，不同的主题，詹姆斯总是会找出一些东西啊，他其实是为了表扬自己，然后借着这个话题特别接近地表扬了自己。"大家笑。画面回放詹姆斯的发言："我不缺乏美女的资源。""我父母有一个小屋在加拿大。"彭宇、李好："你称这个为小屋？"（字幕：惊呆了。）韩冰："土豪。"穆雷："好小啊。"詹姆斯有点尴尬，目光下垂，双手扶着椅子调整坐姿："Oh, my god. Oh, my god。"（字幕：坐立不安。）他双手在胸前合十，请求原谅的动作，说："我希望听起来不是这样的。但是可能听起来是这样的。"

上例中，詹姆斯的正面面子遭到极大挑战和威胁，在轮到自己发言不知道如何辩解又要避免冷场的尴尬时，他用英语"Oh my god"表达自己不安和难堪的情绪，这在一定程度上缓解了交际冲突。

（114）韩东秀$_1$："其实在韩国 Facebook，就是玩 Facebook 的人也挺多，但是韩国最流行的一个 App 叫＊＊＊（韩文），就是之间的意思，就是情侣之间最爱用的，它什么日记，什么传照片，都有这样的功能，但是有一个区别就是它给我记你们交往几天了。因为韩国人很重视这个纪念日。"大家$_1$："哦。"詹姆斯$_1$："韩东秀，其实这个软件的一个创始人，是我的朋友，他在加拿大是一个留学生。"韩东秀$_2$立马把右手向前伸出，暂停的姿势，情绪有点激动地说："我没说这个是韩国的。"（字幕显示：极度敏感。并且有鸣笛警告提示。）詹姆斯$_2$马上把两只手张开，掌心斜向前，安慰的姿势，马上说对方误解了："这个不是我的意思。"大家$_1$笑。彭宇$_1$帮腔："詹姆斯想显示一下，他有多么高端的朋友。"有人$_1$说："又来了，又来这一招。"詹姆斯$_2$很尴尬，重复说母语："Oh, my god . Oh, my god！"

上例在多元文化背景下，韩东秀对自己的文化身份极度敏感，误解了詹姆斯₁的会话含意，触发了多元文化背景下的汉语交际冲突。彭宇₁作为主持人有协调矛盾和引导交际的社会职能，他揭示出詹姆斯₁的会话含意是"想显示高端的朋友"，然而这也威胁到詹姆斯的正面面子，引起新的交际冲突。对此，詹姆斯₂通过语码转换"Oh, my god"来回应，填补交际空白，缓解冲突。

②直接反对

在交际冲突中，多元文化交际者通过表惊奇或震惊的感叹词"No"的单用或连用，对对方结盟成员直接反对，传达出说话人强烈的感情。

（115）詹姆斯₁："诶:::，其实李斯羽，我觉得这个巨型的猫很适合咱们俩，因为我们俩都是比较巨型的人。"｜李斯羽₁听完闭着眼睛笑，说明她确实挺介意巨型这个词｜｜罗密欧₁、韩东秀₁笑出声："哈哈。"詹姆斯₂："要不我们、我们一起养一只？你觉得怎么样？"（字幕：真诚邀约）<u>孟天₁反对："No."</u>

上例詹姆斯由于对"巨型"这个词的感情色彩缺乏全面认识，而错误地使用了在女生身上，造成了语言冲突。孟天转换语码"No"直接反对詹姆斯的用词。

（116）晓敏："为什么不正常？"安龙："爱就是要么没有，我不认为就是（插入语）爱可以慢慢地发展，就是今天是百分之五十，再过几个月百分之七十，然后百分之九十，然后满了。OK，可以结婚。我觉得爱必须要有，而且这是百分之百有，还是百分之百没有，然后你们可以相处。"其他代表摇手："No, No, No！"布莱尔举手："我来吧。"

上例中，"其他代表"通过体态语"摇手"，以及语码转换"No，No，No"的重复，来强调自己的反对意见和激烈情绪。

③粗暴反对

转换语码可以转换语码使用交际冲突中的粗俗语、禁忌语，例如一些有损对方面子的话语，或者不礼貌用语，形成语言暴力。

例(104)中布莱尔和詹姆斯在谈到全球粮食浪费问题情绪激动，想要骂人，他们直接使用汉语"妈的""该死"违背礼貌原则，而是交际者转换成英语说"God dammit"。

(117)罗密欧鼓掌："对。"屏幕上一把枪指向彭宇。沈凌："我们，就给彭宇想一个 slogan 吧。"孙骁骁憋着笑："嗯。"沈凌："叫做，做人不要太彭宇。"大家笑。彭宇表现出很生气的样子，很大声地说："哈!"然后把桌面上的资料拿起来，摔在桌子上。(字幕：game over。)

给人起绰号、贴标签是很不礼貌的语言暴力，因此沈凌通过语码转将"绰号"换成"slogan"，使用了粗俗语。

(2)标志身份

多元文化交际者在汉语交际冲突中，有时会转用母语语码，来强调自己的论点，标志自己的国籍身份和立场。

例(107)中各国代表分享本国小孩掉牙的风俗，詹姆斯说加拿大的父母会给巧克力，安龙误以为美国也是给巧克力。孟天将争论焦点"金钱"转换成英文语码"money"加以强调，同时用英语来标志自己美国人的身份。

(118)伊朗的非常有名的诗人叫 Saʿdi(萨迪)，他有个非常有名的诗歌叫，***(转换波斯语介绍)。| 大卫点头："哦:::"(字幕：假装听说过)，这个很有名啊。"普雅说波斯语，大卫假装听懂了，普雅对大卫说："我还没说完，请不要这样展示俄罗斯的公德水平。"大家很吃惊的持续尖叫，孟天用双手捂住嘴巴尖叫(字幕：我的愿望成真了

哦)，穆雷瞪大眼睛，嘴巴张大，双手五指张开按着桌面："哦::!"大卫把头扭到另外一边，低头，然后用手去按自己的眉心。(画面上，大卫中箭)普雅继续笑着用伊朗语讲刚刚没讲完的诗歌。普雅说完对着大卫："现在可以。"大卫不理他。

上例言语交际冲突中，普雅通过讲波斯语来标志自己伊朗人的身份，但是发言被大卫打断了，普雅直接抗议大卫的行为有损"俄罗斯的公德水平"，这激化了交际冲突。

3. 衔接冲突语篇

在多元文化背景下的汉语交际冲突中，汉语属于群内(In-group)语言，群内语言和群外语言在话语篇章中有意转换，能够引入交际事件以外的文化语境，使冲突语篇得以衔接，例如冲突中话轮的开始、结束。韩礼德提出语言的元功能有概念功能、人际功能和语篇功能。而交际冲突中语码转换的语篇功能主要体现在衔接冲突语篇上。

在多元文化背景的汉语交际冲突中，语码转换有提示话轮交替的作用。主要用于衔接冲突语篇的是英语感叹词"OK"，它在冲突语篇中有承上启下的功能。"OK"在同一话轮内，不同小句之间也有衔接冲突语篇的功能。

(119)布莱尔₁生气地大拍桌子："我要罢工。"然后做出愤而离席的样子。罗密欧₁："耶!"沈凌₁："哈哈，来朋友们，让布莱尔说清楚。什么，哪个是鹅肝。"布莱尔₂："OK，这、这个是一个，The、The fat duck，The fat duck 是英国最好的，一个餐厅之一的，就是排行榜非常好。"……

上例布莱尔₂使用感叹词"OK"来抢得话语权，提示自己要开始话轮。背景信息是上文中布莱尔₁在言语交际冲突中，受到巨大的情绪冲击，他的话语"我要罢工"和体态语"愤而离席"都表示要拒绝交际。在沈凌$_1$的劝解下，布莱尔$_2$用"Ok"表示自己同意遵循话轮交替秩序，继续完成交际。"OK"的使用承接了沈凌$_1$的劝解，衔接了冲突语篇，并引起下文。

（120）（上文是韩冰说英语）晓敏$_1$先鼓掌，后来看到大家起哄，立马插话："你们这样干吗，你们听不懂英语吗?"大家$_1$嘲讽："这是泰语吧?"晓敏$_2$笑。李好$_1$："詹姆斯，你听懂了吗?"詹姆斯$_1$："百分之四十。"李好$_2$："OK，他说了什么?"詹姆斯$_2$："呃，什么地方有一个皇后，｜大家哈哈哈大笑，然后她想什么事情，差不多这个意思。"彭宇$_1$："是百分之三……"，李好$_3$："百分之十。"

上文大家嘲笑韩冰的泰式英语口音重，导致交际障碍。李好$_2$用"OK"抢得话语权，承上肯定詹姆斯$_1$的发言，启下问詹姆斯听懂了什么。李好用"OK"这个语码转换实现了冲突篇章的衔接。

（121）彭宇$_1$："有一个战斗民族，而且是酒文化也是比较发达一个地方，｜沈凌$_1$："对。"彭宇$_2$："你……"｜被沈凌$_2$抢断："你竟然什么都没有推荐? 这合理吗?"大卫$_1$："我今天给大家带来了西瓜。"彭宇$_3$："果盘是吗?"大家$_1$哈哈笑。沈凌$_3$："等一下，有点健康啊。"彭宇$_4$："这个东西我们中国也有，OK?"大卫$_2$："逗你们玩儿，逗你们玩。其实俄罗斯有各种各样的｜沈凌："西瓜。"｜喝酒的方法，包括西瓜。"

在各国酒文化的主题展示中，来自酒文化大国的俄罗斯人大卫却没有带酒，彭宇$_1$，沈凌$_1$，彭宇$_2$，沈凌$_2$质问大卫怎么没有带酒? 大卫$_1$回复自己带了西瓜，大卫故意给出了信息量不够的回答，造成信息不匹配，引起彭宇$_3$，大家$_1$，彭宇$_4$不满。彭宇$_4$在句末转换语码用感叹词"OK"构成反问句，既表达自己的负面情绪，又提示本话轮结束，示意话轮传递给大卫$_2$，起到启下的衔接作用。

（122）布莱尔插话："我想说一下，你们都觉得英国菜难吃，我觉得这个耶，味道也不是特别香，我在俄罗斯待过三个月，三个月之内我瘦了六斤。要么是蔬菜，要么是土豆。要么是土豆，要么是蔬菜，哈哈哈。｜大家笑。｜没有什么别的。"大卫："Blair，Blair，Blair，我能理解如果中、中国代表跟我说俄罗斯没什么好吃的，或者是意大利的、法国的跟我说，但是我觉得，（音量增大）英国有什么资格说俄罗斯！"

上例中英国人布莱尔说俄罗斯的菜难吃，触发交际冲突。俄罗斯人大卫重复布莱尔的英文名"Blair，Blair，Blair"，使用语码转换和重复来抢得话语权，抨击没有美食的英国人没资格说俄罗斯菜难吃，激化冲突。语码转换在这里承上启下，起到了衔接冲突语篇的功能。

（123）罗密欧："第一个原因是，培养一个逻辑思维，啊，看起来这个美国的政治家没有逻辑。（孟天本来看着罗密欧的微笑的，听到这里面无表情并把头转开，眼神盯住一点不动，字幕：懒得理你）OK。第二个是因为很美，抽象的很美。第三个是因为你要努力，努力了之后你会有一个成果，对吗？第四个是很实用的，你说数学不重要吗，呃，不是实用吗？但是没有数学的话，你没有汽车，你没有电脑，你没有密码，你没有GPS，那你什么都没有啊。"

表示"好吧，行，可以"的感叹词"OK"除了可以作为某一话轮句末的结束语，在话轮之间起到承上启下的衔接作用，"OK"还可以作为同一话轮内，不同小句之间的衔接语。在上例中，转换的语码"OK"出现在第一个原因的末尾，提示本小句内容结束，引出下一原因。

第四章　多元文化背景下汉语交际冲突的导因

据我们初步研究，多人多元文化背景下汉语交际冲突的导因大致有如下四个方面：

其一，价值取向差异；其二，社会规范差异；其三，语言因素；其四，跨文化因素。

第一节　价值取向差异

价值取向是交际者在社会化过程中形成的有关价值的稳定取向。本书价值取向差异特指多元文化背景下汉语交际者之间，存在影响交际的价值差异。价值取向差异包括什么呢？我们根据汉语交际冲突实例，在荷兰心理学家霍夫斯特德（G. Hofstede）提出不同文化价值观的基础上，将"男性化-女性化"同相关因素"性别、年龄差异"合为"个体差异"，保留霍夫斯特德不同文化价值观的其他三个方面，即个人主义和集体主义（individualism-collectivism）、权力差距（power distance）、回避不确定性（uncertainty avoidance）。此外，将汉语言文化和其他语言文化有显著差异的"面子问题"和"时间观"差异纳入价值取向考察内容。

一、个人主义和集体主义

以中国为代表的东方文化中，我们从小接受的价值取向的教育案例就是"董存瑞炸碉堡"，牺牲小我成就大我，在集体利益面前，牺牲个人利益义不容辞，我们认同个人与集体关系紧密，集体成员相互依赖；而以美国为代表的西方文化，奉行的是个人利益高于一切，私有财产神圣不可侵犯，个人与集体关系不紧密，强调独立自主和个人成就。关世杰(1995：163)指出"个人主义和集体主义这一价值标准是衡量个人与集体联系是松散还是紧密的一个尺度。"

例(34)中，哥斯达黎加人穆雷因为私人原因缺席了两期节目录制，被黑木真二批评不敬业，穆雷不但不羞愧反而生气了。在他看来，工作只是赚钱的方式，当个人需要休假时有请假的权利，他在价值观上追求个人的独立自主，个人利益不以集体利益为转移，这是个人主义价值观的表现。来自日本的黑木会毫不客气地评价穆雷的行为"不敬业"，是因为在东方文化看来敬业不旷工是基本的工作素养，个人利益要服从集体利益，这体现出黑木真二的集体主义价值观。黑木真二和穆雷之间的主导型冲突，表面上看黑木真二违反了交际原则中的礼貌原则，进一步分析，核心原因是集体主义和个人主义价值观的差异，这导致交际者的不理解，触发交际冲突。

(124)沈凌："我们穆雷和安龙真的非常厉害，因为我们中国人一般有了工作之后，不太敢轻易请假，因为再回来，不一定这位置就还是你的。所以你们真的很，有，种。(通过停顿和增大音量来强调)"彭宇："为了能够赞扬你们的有种，所以呢，我们必须把中国的规矩拿出来，就是你们回来，真的没有位子了。"沈凌："哈哈哈哈。"其他青年也笑。罗密欧相信了，很吃惊。沈凌："立刻就填补了两位新人。"

上例是沈凌、彭宇两位中国主持人和请假缺席节目的澳大利亚人安龙和哥斯达尼加人穆雷之间的冲突，集体主义和个人主义价值观的差异引发了交际冲突。沈凌的发言"中国人一般有了工作不太敢轻易请假"，彭宇说的"中国的规矩"体现出了集体主义的价值观。而西方文化崇尚个人主义。

霍夫斯特德的研究成果也佐证了我们的观点，40 个国家(地区)的 4 种价值的指数值和排名顺序中，澳大利亚的个人主义名次为第二名，(未见哥斯达尼亚指数)，由于未见中国大陆排名，我们从香港 32 名，中国台湾 36 名，旁证霍夫斯特德认同中国的集体主义价值观导向。

二、权力差距

多元文化背景下汉语交际者之间存在权力差距。霍夫斯泰特德(1993：45)提出的权力差距指社会容许在机构和组织内权力分配不平等的程度。从本书研究对象来看，首先，外国青年代表和主持人之间存在权利差距，主持人优先享有话语权；其次，外国青年代表之间存在权力差距，他们作为个体有社会关系、地位高低的差距，具有较高社会地位的青年代表有时在同社会地位较低的青年代表交际时，会使用权力差距争夺话语权。关世杰(1995：162)指出，权力差距在所有的社会层次都有，家庭、官场甚至在朋友间都存在。权力差距即不平等可能使交际者产生负面情绪，触发交际冲突。

(125)韩冰₁："……我有一个问题，你凭什么说，它不值得、它不值得爱。(重复是强调)│彭宇₁："等一下。"│韩冰₂不理彭宇继续说："但是为什么……"│彭宇₂再次插话："诶:::，为了，我我我，诶:::"韩冰₃住口了，彭宇₃："首先第一个，我觉得，就是我为什么按这个灯，坦白来讲，我是逆反地按灯，│韩冰₄又想接话，伸手刚刚想发言，彭宇₄用手势制止了他的发言，继续说："就是经常会有人觉得，我们提出不同意见的，就是，啊，你不爱动物，然后呢，你不爱大自然，你不爱什么，就是很多大帽子全部要扣过来，事实上，为什么不能接受，一个反对的意见，而且我们的点不一样，│韩冰₅再次想发言，他试着伸出手，想要发言，但是彭宇₅用手势制止了他│第一个，我觉得，人必须要爱护动物，对不对(用食指指着韩冰)，│普雅₁点头："没错。"│第二个，你可以把自己的宠物，对不起，这是你自己的宠物哦，你可以爱它，｜韩冰₆微笑看着彭宇，举起食指要发言。彭宇₅没有理他继续说："但是你并不说，别人一定要爱你的，（又用食指指着韩冰）你懂我的意思吗？"

上例中，彭宇₁在韩冰₁发言过程中要求发言，但是韩冰还在论证过程中，不愿意转让话语权，"韩冰₂不理彭宇继续说"，彭宇₂再次插话，他通过话语重叠、"诶"的语音延长、"我"的重复来强调自己的主持人身份，强调双方的权力差距，从而使韩冰₃住口，抢得话语权。随后，韩冰多次示意要拿回话语权，包括韩冰₄,₅,₆"伸手""发音""举食指"，但是都被彭宇制止了。韩冰之所以能容忍彭宇抢话的不礼貌行为，是因为泰国也是权力差距偏高的国家，在霍夫斯特德的 40 个国家（地区）的 4 种价值的指数值和排名顺序中，泰国的权利距离排名 14，而中国台湾的权利距离排名 19。因此，尽管韩冰心存不满，但是他仍然接受了双方权力差距的不平等。

（126）……安龙₁为了抢话语权，突然站起来，并且用手指点头部，强调脑子，说："你是用脑子爱她还是心爱她？｜吴雨翔₁同时说'肯定是心。'｜心不需要时间了。"食指竖起来，在脸庞左右摇晃，表示否定。"大卫₁加入辩论，激动地拍手，（字幕用黄色字体显示：一个战斗机图片，战斗模式开启），"但是心不能离开脑子。"大卫₂激动地转向安龙，并且重复了一遍"心不能离开脑子"，同时用手对着头，拍手站起身来，准备发言，"所以……"，却被安龙₂一把拉住，按在座位上，大卫₃抗议："诶诶诶！"，安龙₃："我跟你说……"

上例交际冲突中，"大卫拍手站起身来，准备发言，'所以……'，却被安龙一把拉住，按在座位上"。安龙的举止是因为他认为双方存在权利差距，安龙是上海一家公司的总裁，而大卫还是在校研究生。安龙认为自己的社会地位高于对方，因而可以优先抢得话语权，他不顾大卫的抗议"诶诶诶"，利用双方的权利差距，结合非语言行为，抢得了下一话轮的话语权。

三、高/低回避不确定性

在交际冲突中，高回避不确定性表现为努力避免冲突和竞争，交际者认为冲突和竞争会引发攻击；低回避不确定性表现为不回避冲突和竞争，交际者认为冲突和竞争可以促进公平竞争。霍夫斯特德（1993）指出"回避不确定因素是指社会对不确定性和模棱两可性缺乏容忍的程度"。①

属于低回避不确定性的交际者，面对冲突会倾向于用说服策略直接解决冲突；属于高回避不确定性国家的交际者，则会倾向于用回避策略避免冲突。（例3）黑木真二在交际冲突中一直采取回避策略，是高回避型不确定性的交际者，在霍夫斯特德的 40 个国家（地区）的 4 种价值的指数值和排名顺序中，日本的回避不确定性排名第 4。

（127）韩冰[1]："Ok，软实力就是通过文化，哪一些国家软实力差，没有对他文化的自信，他肯定不会发达。"｜大卫[1]突然问韩冰："比如说？"（字幕：挖坑。）安龙[1]一脸坏笑："哪个国家？"韩冰[2]："不要说。"（字幕：我就不往里跳）安龙："哈哈哈哈。"

大卫[1]和安龙[1]蓄意挑起冲突，故意问韩冰会违反礼貌原则中的赞誉准则并引起人际冲突的问题。对此，属于高回避不确定性的交际者韩冰[2]认为冲突会引发攻击，从而采取了回避策略。

（128）柳岩问穆雷，一手指着孟天："你有没有讲他坏话？"穆雷："我当然讲他坏话。"孟天一只手撑着下巴，这是强迫自己认真听的姿势。听到穆雷说讲自己坏话，他瘪嘴，双手摊开，做出无所谓的

---

① 霍夫斯特德著，李秋洪译：《四十个国家和地区的价值观》，《现代外国哲学社会科学文摘》，1993(4)，第45页．

手势。

上例的背景信息是穆雷和孟天有过节，柳岩问穆雷有没有讲过孟天的坏话，由于孟天和穆雷都是低回避不确定性的交际者，穆雷正面回复柳岩："当然讲。"如果冲突另一方的交际者属于高回避不确定性，那么这个回答一定会激化交际冲突，但是孟天和穆雷都赞成正面处理冲突，能互相理解。孟天来自低回避不确定性因素的国家，在霍夫斯特德的 40 个国家（地区）的 4 种价值的指数值和排名顺序中，美国的回避不确定性排名第 32，因此他只是不自觉透过面部表情"瘪嘴"传达了不满，用"无所谓的手势"表达自己的态度。

（129）安龙₁用手拍孟天："诶∷∷，孟天，你有没有这样，为了得到一些机会，就是这样的，我觉得他在这个方面……（省略了"很有一套"）"彭宇₁："孟天，孟天，来，孟天。"（字幕：吞吞吐吐）孟天₁："我呀，（整理衣服），我先把这个国旗放下来，｜大家₁："哈哈笑。"｜不好意思，呃∷∷，事情是这样子的，当时我在厦门生活，厦门大学毕业，然后《世界青年说》要过来，就是面试我，他说有没有认识一些比较优秀的外国艺人，在厦门，其实我是认识吴雨翔，但是我们认识的时间并不久，很多人觉得我们长得很像，所以想如果见到吴雨翔的话，好多人会觉得他比我帅多了，当时我就没有提，哦，我不认识，｜罗密欧₁睁大眼睛："哦！"｜后面我去面试的那一天，呵呵，（安龙₁把孟天藏起来的国旗举起来），｜大家笑₂："哈哈。"，｜后面我去面试那一天（打断重复），我看到是他，我表情是，（很开心地）诶∷∷，吴雨翔，你好。我心里是，（愤怒地拍桌子）啊！因为我想……"｜吴雨翔₁半站起来跟詹姆斯作揖，詹姆斯，我特别感谢。"孟天₂："我真的，我拼了好多年。"｜吴雨翔₂不理孟天，还是站着跟詹姆斯说："突然加拿大跟德国的关系，（作揖，然后竖起大拇指）。"大家₃哈哈笑。詹姆斯₁也是哈哈笑。（字幕：小意思。）孟天₃解释："是有理由的啊，因为那时候说实话，我们俩的关系并不是特别好，就刚认识没多久，而且我自己在中国拼了 6 年的时间，上了那么多节目，这么好的机会来了，我肯定要珍惜，他才上了个《汉语桥》啊，他就直接找他，我才不干。"吴雨翔₃苦笑，双手摊开。穆雷₁："不是真正的朋友。只是普通的、认识的人而已。"柳岩₁："诶:::，孟天，我觉得孟天没有错啊，｜罗密欧₂摇头、摊开两手："没有错。"｜不用内疚，这个机会你自己都不一定能拿到，为什么要多拿一个人来跟你竞争呢？"

上例中安龙₁的提问威胁孟天的正面面子，来自低回避性不确定因素国家的孟天₁，尽管很不情愿，他的体态语"整理衣服"，"把国旗收起来"，以及使用拖音"呃:::"的有声现象都表示出抗拒的心理，但是他没有采取回避策略，而是对安龙₁的问题进行了正面而详细的答复，他认为解决冲突的方式就是正面回应。相比下，话题当事人吴雨翔则没有正面回复孟天，他通过感谢举荐人詹姆斯进行了侧面回应。根据霍夫斯特德的研究成果，德国人回避不确定性因素的指数(65)高于美国人(46)。

四、个体差异

通过分析语料，我们发现不只是性别，汉语言语社区中交际者的年龄、体貌特征的差异都能触发冲突。老年人还是年轻人？身材高矮是否会被歧视？男性化或女性化？男女是否平等？而这些因素共同体现为个体差异。"霍夫斯特德认为，性别的二元性是人类社会的基本事实，而不同的文化对此采取不同的态度。"（关世杰 1995：164）。

(130)大卫₁："刚刚他是从孩子的角度来分析这个问题，但是我们为什么不能从女性的角度也来分析这个问题呢？带孩子并不是母亲一个人的事情，现在是男女平等的社会，然后女性也会有自己的职业的梦想……"｜普雅₁插话："男女公平，这是肯定的。但是呢，赚钱呢本来就是我们男人应该做的……"（字幕：17 岁的大男子主义）｜孟天₁

反对："谁说的?"孟天$_2$、穆雷$_1$、吴雨翔$_1$强烈反对："No:::!"｜普雅$_2$："等我说完……"｜孟天$_3$转身对着普雅坐着："来吧。"(意思是你放马过来攻击我吧)普雅$_3$："女人工作，我非常感谢她们，她们是在帮助我们，帮助这个家庭。(孟天$_3$、大卫$_2$、安龙$_1$都非常吃惊。)但是我在家里一到四岁，女人能做的，能陪伴我的孩子，我作为一个父亲、我作为一个男人，(孟天$_4$开始撸袖子，字幕：这孩子要好好教育一下了。)我是做不到的。｜有人$_1$忍不住嗤笑。｜彭宇$_1$插话："美国的朋友，你在干嘛? 美国的朋友，美国的朋友是这样的，伊朗的朋友发言，(字幕：听不下去了)你没有必要撸袖子。"｜普雅$_4$同时说："所以我在家里，更需要女人的陪伴，让我的，让我的，就是那个孩子的妈妈，在家里帮我。(字幕：结巴)"

　　上例的冲突源自不同国家文化中男性化或女性化价值观的差异。伊朗人普雅属于高男性化价值观，"女人工作，我非常感谢她们，她们是在帮助我们，帮助这个家庭"，"一到四岁，女人能做的，陪伴我的孩子"，他的观点和霍夫斯特德提出的男性化价值倾向"社会的性别角色有明显差异"，"男性在社会中处于支配地位"，"女性应该生儿育女"相契合。美国人孟天属于低男性化价值观，面对普雅的论点，从孟天$_1$直接反对"谁说的"，孟天强烈反对$_2$"No:::!"，孟天$_3$的表情"吃惊"到孟天$_4$"撸袖子"的话语和非言语行为都可以看出，孟天非常反对普雅的男性化价值观。但是根据在霍夫斯特德的40个国家(地区)的4种价值的指数值和排名顺序中，美国的男性化倾向指数排名第13，而伊朗排名28。为什么会出现不相符的现象呢? 我们认为一个可能是交际者的个体差异，一个可能是时代变迁。

　　(131)彭宇$_1$看着罗密欧："你觉得孟天投你的原因是什么吗? 孟天你可以告诉他。"孟天$_1$："我说是年龄的问题，我觉得他当不了几年的老板就要退休，对我们公司发展不好。"(字幕：狠，狠。)大家$_1$哈哈笑。罗密欧$_1$笑："很好。"(字幕：强颜欢笑。屏幕上有箭射在罗密欧身上。) 孟天$_2$拍衣服灰，整理衣服。

上例中，美国人孟天$_1$的价值观表现为尊重年轻人，轻视老年人。因此，他抨击罗密欧年龄过大，"当不了几年的老板就要退休"。这是年龄差异的价值观引起的交际冲突。

(132) 普雅$_1$："所以我觉得适当地秀恩爱，完全可以，而且男人秀恩爱这是应该的，但是不要过分。"彭宇$_1$："诶，等一下。"|沈凌$_1$插话："普雅小小年纪，有多少社会经验啊。"|彭宇$_2$："十七岁，你为什么把人生看得这么透彻?"(字幕：真的只有 17 岁吗?) 沈凌$_2$："你才那么小。对啊，他才 17 岁。你今天回去，可能你的同班同学，你的爸爸妈妈会跟你好好聊一聊。"普雅$_2$笑。

中国社会在年龄的价值观上是尊敬老年人，轻视年轻人的。这个价值观使得主持人彭宇$_{1,2}$和沈凌$_{1,2}$驳斥普雅，沈凌$_1$说普雅"小小年纪，有多少社会经验啊"，沈凌$_2$"你才那么小"，"爸爸妈妈会跟你好好聊一聊"，彭宇强调"十七岁"，都显示出中国人看轻年轻人，重视老年人的价值取向。这也是年龄差异引起的交际冲突。

(133) ……李好$_1$："而且来到我们节目，还没有好好地正式介绍自己。"沈凌$_1$突然站起来："哦，对，这个我要正式地说一下。"罗密欧$_1$用手招呼沈凌坐下："你不需要，你不需要……(省略了"站起来")"吴雨翔$_1$："你不需要站起来。"李好$_2$："要不要我下面给你垫块砖。"沈凌$_2$发飙(音量增高)："不用啦。"

上例的语境信息是所有的外国嘉宾都身材高大，而沈凌个子矮，尤其是站起来的时候显得高矮差异更加明显，因此当沈凌$_1$站起来后罗密欧$_1$、吴雨翔$_1$都招呼他坐下，觉得沈凌站起来有点自曝其短。而李好$_2$"垫块砖"

的发言激化了矛盾，使沈凌₂"发飙"。交际冲突的原因是沈凌身高矮小的个体差异。

五、面子问题

面子问题是东方人尤其是中国人十分重视的交际礼仪。我们在友好交际中要尽可能维护自己和他人的面子，忌讳说有损自己或他人面子的话语。Goffman（1955/1967）最早从社会学视角提出了面子的概念，面子指在特定的社会交往中，个人成功地获得向他人声讨的同时也是他人认为的他应该获得的社会正向价值，它是一种以被认可的社会属性加以定义的自我意向。Brown & Levison（1978，1987）的面子理论认为，"交际双方要关注面子，提出正面面子和负面面子。""美国学者丁允珠（Ting-Toomey）认为，面子是在表示关系的环境中个人所表示出的形象，面子是在交流环境中由交流者们共同决定的。她把面子分成：自己的面子，他人的面子；留面子和不留面子；就面子问题的直接商讨和间接商讨。"（关世杰 1995：172）因此，在汉语言语社区中，维护面子或威胁面子是多元文化交际者要秉持的重要价值观。

（134）穆雷₁："其实在哥斯达黎加，最受欢迎的一个职业就是足球运动员，90%的小孩都是希望将来长大了都能变成足球运动员的，"|吴雨翔₁："那你就成功了是吧？"穆雷₂："我最后没有成功，差了一点点，没办法。但是在哥斯达黎加最不受欢迎的一个职业就是当老师。"彭宇₁："为什么，在中国，老师的地位是非常高的。"柳岩₁："最受尊重的。"穆雷₃："文化差异。在公立学校，要是你想进入一个分数比较高的，比如说工程师，分数最低的一个职业之一就是老师。"大家₁："哦噢。"穆雷₄："所以大家都会觉得，要是你当老师是因为你的分数不够高。"罗密欧₁："<u>你没有成功的足球运动员做老师。那人家怎么看你？</u>"穆雷₅（视线转移）："其实我没有，我没有在哥斯达黎加当老师的打算。"（说话语速放慢，音量降低）（字幕：尴尬、尴尬。）罗密

欧₂："OK!"(上扬)穆雷₆："我是希望可以在全世界，各个国家可以
当老师。"詹姆斯₁心虚地笑(一手扶着穆雷的肩膀)："穆雷，加拿大有
一句话，我觉得你可能不会太喜欢，这句话就算是一个成语吧，Those
who can not do，teach；those who cannot teach，teach phys . Ed.。那些
做不到的人会去当老师，那些不能做老师的人会去做体育老师。(说
完拍拍穆雷的肩膀。)"大家₂："哦哦。"穆雷₇不知道怎么回答(沉默)，
看着詹姆斯。(字幕：难过，并且在穆雷头上加乌云。)詹姆斯₂不敢看
穆雷，只是用手势比划："所以其实这句话，我真的不赞同。但是我
刚想到了它，所以我想跟你分享一下。"

上例中，穆雷₁,₂介绍了在哥斯达黎加最受欢迎的职业是足球运动员，
最不受欢迎的是老师，而背景信息是他现在中国当体育老师。罗密欧₁提问
"没有成功的足球运动员做老师，那人家怎么看你?"威胁了罗密欧的正面
面子。从穆雷的体态语"视线转移"，以及有声现象"说话语速放慢，音量
降低"可以看出穆雷的负面情绪增加。字幕标注"尴尬"也显示出罗密欧的
问题触发了交际冲突。但此时交际冲突的程度还不深，穆雷还想说服对
方。之后，詹姆斯₁用语码转换引用加拿大的谚语，并且用汉语解释"做不
到的人会去当老师，那些不能做老师的人会去做体育老师"，这严重威胁
到穆雷的正面面子，激化了交际冲突，穆雷使用话轮沉默、体态语"眼神
偏离"来抗议。因此詹姆斯₂马上采用妥协策略，用"这句话，我不赞成"来
弥补穆雷的正面面子。

例(36)中穆雷的提问咄咄逼人，"普雅你自己认为你是一个很成功的
人吗?"这威胁到普雅的正面面子，激化了交际冲突。为了弥补伤害，穆雷
随后采取妥协策略肯定普雅的正面面子，"我也觉得你很成功"，化解了交
际冲突。

六、时间观

时间观是民族文化对时间的集体性认知。时间观差异体现在多任务时

间观和单任务时间观的差异、时间同金钱的相关性的差异、时间指向未来或过去的差异等方面。

在多元文化共存的背景下，要求交际者把握时间观差异，要分清工作时间、学习时间和休息时间。关世杰（1995：288）指出："世界上不同文化对时间的不同观念，在跨文化交流中也会引起误解。"例如伊朗人普雅曾吐槽拖堂。

> （135）沈凌₁："首先我们来公布，获得 TK11 火星人排行榜第三名的这位，│孟天一直在动手指│他是一个耐不住寂寞的精灵，无法忍受一切空虚乏味的无意义时间，他有着最奇葩的生气方式，他是 TK11当之无愧的爱生气鬼。"彭宇₁："让我们揭晓他的名字。"沈凌嘴巴张很大（停顿）₂："孟天。"大家鼓掌。孟天₁站起来双手抱拳，感谢大家。沈凌₃："投他票的其中之一，来自加拿大的 James，说……"詹姆斯₁摸领带说："（嘴巴张开，沉默了一会）每一次开会，开会过可能三分钟时间，他已经开始看他的手表，我们结束了吗？下一个话题吗，下一个话题。可以加钱吗，可以加钱吗？我们已经过了十分钟的时间了。"│大家₁哈哈笑。

上例中，在美国人的价值观中，时间和金钱是息息相关的，因此他会理所当然地发出抗议，"可以加钱吗？我们已经过了十分钟的时间了"。美国人孟天抗议录节目之外要开会却没有加班费用，这是因为违反了他的时间金钱观念。

多任务时间观和单任务时间观的差异（或称单向时间习惯、多向时间习惯），也会导致多元文化背景下汉语交际冲突。关世杰（1995；290）指出："北美、西欧、北欧都是单向时间习惯。亚洲大部分国家，拉美、阿拉伯国家，非洲国家都属于多向时间习惯。单向时间习惯的人，一段时间只专注处理一件事情；而在多向时间习惯的人则认为时间是弹性的，一段时间可以兼顾多件事情。"加拿大人詹姆斯曾谈到在中国面试时，面试官让他等了很久，超过了预约的面试时间，他认为这是不尊重他的行为，这让他放弃了面试。

时间观的不同还体现在国家文化指向未来或指向过去的倾向上。一般来说，文化悠久的国家对历史文化有优越感，更关注过去，而移民文化的国家会更关注未来。比如来自古巴比伦的伊朗代表普雅，就经常在节目中宣传自己国家悠久的文化。而澳大利亚人安龙指出，当今世界发明创造领先的国家，大部分是移民国家。

例(40)中来自移民国家美国的孟天，吹捧美国的强大，引起其他交际者不满。结合他的话语"超级英雄、超人、蝙蝠侠、蜘蛛侠、钢铁侠、猫女、X战警"，可以推测美国人注重对未来的畅想。而具有悠久历史的法国人宋博宁，用古代经典名著"古希腊的《荷马史诗》"来抨击孟天"因为你没文化，你可能没有听说过"，结合语境和语言成分的最佳关联，我们可以推测出宋博宁所说的"没文化"一语双关，不仅指孟天没个人文学素养，也有抨击美国没有悠久的历史文化的语义暗含。宋博宁，提出"超级英雄改良自法国大仲马作品《基督山伯爵》里面的主人公"的观点，体现出法国人更关注过去的时间倾向。孟天和宋博宁的交际冲突时关注未来和关注过去文化之间的冲突。

第二节　社会规范差异

不同文化、不同国家的社会规范的差异，在多元文化背景下相互接触、碰撞，容易触发交际冲突。

一、礼仪风俗

礼仪是在历史文化发展和长期社会交往中形成的，是有程式化要求的言行举止规范，用来在交际中表示尊敬，以实现友好交际的目的。多元文化背景下，文化习俗差异导致文化碰撞，容易触发交际冲突。

（136）嘉宾罗密欧₁登场，热情地亲吻了李好左右两边脸。李好₁抗拒地反抗，随后还用手做擦口水动作。罗密欧₂亲吻晓敏和彭宇。晓敏₁惊叫，立即转过去看李好。（后期制作，李好₂全脸变绿，头上有标注："她是我老婆。"并标志"忍＊2"。）罗密欧₃看出现场有点尴尬，拍了李好的肩膀一下。

上例是非言语行为引起的交际冲突，冲突的内核是礼仪习俗的差异。罗密欧初次登场时，对主持人李好行了意大利的贴面礼，从罗密欧来看这是非常友好的举动。但中国文化没有亲吻的礼仪，调距的拉近造成了李好₁"反抗""擦口水"的体态语，以及晓敏₁"惊叫"的不礼貌反应。多元文化背景下礼仪习俗的差异触发了交际冲突。

（137）普雅进场，一边说伊朗打招呼的语言"dalong"，一边亲吻李好左右脸两遍。李好闭眼，很不情愿。（字幕标注李好在想："还亲"）

上例中普雅亲吻李好，李好"很不情愿""闭眼"的体态语反映出他对外国礼仪的抗拒，触发交际冲突。

（138）罗密欧₁："他们跟我们一样，有这个贴面礼。但是，他们亲的时候是假亲（音量加重，语速放慢，音调提高）。｜安闹闹₁皱眉。屏幕上出现很多拳头｜，他是这样，是虚伪的。"罗密欧₂一边说一边和身边的吴雨翔演示法式贴面礼，"我们是这样。"然后罗密欧₃示范意大利真亲的贴面礼，亲了吴雨翔。其他代表无法接受。安龙₁一边大叫啊，同时嘴巴大张，手全部张开，在身体前面，要去捂嘴巴和眼睛。韩东秀₁先是一手捧胸，一手捂嘴巴，然后双手挡住眼睛，韩冰₁把双手握拳放在嘴前，表示惊讶。吴雨翔₁双手捧着脸，低头。……安龙₂："那我还是喜欢法国的方式。"安闹闹₂和代表打招呼入座："谢谢，谢谢。"

不仅中国人对外国礼节不能接受，外国人之间也存在交际礼节引起的交际冲突。上例中，罗密欧抨击法国贴面礼礼节虚伪，是假亲，而意大利的贴面礼是真亲。他一边讲述一边拿旁边的吴雨翔做示范。罗密欧3真亲了吴雨翔后，澳大利亚的安龙、韩国的韩东秀和泰国的韩冰以及当事人德国的吴雨翔都非常惊讶。安龙1"大叫"，"嘴巴大张"，"捂嘴巴和眼睛"，韩东秀1"手捧胸"，"捂嘴巴"，"挡住眼睛"，韩冰1"双手握拳放在嘴前"，吴雨翔1"捧脸""低头"的体态语，都表示出习俗礼仪的差异使交际者产生负面情绪，引起抗拒心理，影响多元文化交际。

二、行为规范

行为规范主要涉及道德层面，是交际者对行为是非黑白，善恶好坏的评价。不同文化孕育出不同的行为规范和道德评价，多元文化行为规范共存容易引发交际冲突。

（139）詹姆斯1："在加拿大，有一个点，你必须注意嘛，你参加一个社交活动，或者什么的时候，你先应该和那边的男人打交道。然后你可以慢慢地感觉到，谁是谁的女朋友，谁是谁的老婆，｜安龙1笑，因为他知道影射到晓敏、李好和吴雨翔的关系，｜如果你开始和另外一个人的老婆，如果你开始和另外一个人的老婆搭讪，或者什么的，加拿大男人很容易会开始打架。"詹姆斯2突然拍了一下桌子，"所以呢，好哥，我一直想和你说，"（詹姆斯3低头，把手放在嘴巴前，欲言又止），从第一次我们开始录制节目，他（詹姆斯4用手指了指吴雨翔）会经常和晓敏放电这个事情，我一直特别想和他说，不应该这样做。"李好1："You are my brother，交给你了，他（用手指吴雨翔）。"李好2拿着议事长的锤子，站起来，对詹姆斯说："我现在就需要你。"背景音乐给出激烈对决的电子音乐。屏幕把吴雨翔和詹姆斯分屏对比。詹姆斯5拍桌子，和吴雨翔举拳头。屏幕下面用烈火，营造对决激烈感觉。李好3竖起两个手的食指："Round one!"。其他人1笑，鼓掌。吴

雨翔，身体贴着桌子，两只手张得很开，一只手撑着桌面，一只手五指并拢指着詹姆斯，戒备姿势，说："我们现在，不是在加拿大。"现场气氛有点紧张，李好4出来和事："OK，OK，开玩笑。"但是他确实挺介意吴雨翔和他妻子晓敏放电这件事，所以他复述了一遍詹姆斯的话，"这是在加拿大了，你在跟有女性贵宾在聊天之前，你一定要先清楚|彭宇1插话提示："先跟男人说话。"|她跟谁是有一定的家人关系，或者情侣关系的。"詹姆斯6："对。"李好5："因为这样才是比较礼貌的方式。"说完了把右手的食指竖起来一下。

吴雨翔跟晓敏放电的事情，违反了中国的传统道德规范和行为规范，让李好(晓敏和李好是夫妻)很介意，有同样行为规范的加拿大人詹姆斯也不认同吴雨翔的行为，上例中他介绍了加拿大的道德规范，引出对吴雨翔的评价"不应该这样做"。詹姆斯、李好和吴雨翔的冲突内核是不同文化道德标准的差异，吴雨翔回应詹姆斯"不是在加拿大"，认为不同国家有不同行为规范。

(140)穆雷1："我觉得不管是大事情还是小事情，就憋着这个感觉，我会感觉很难受。"大卫1："我有一次被他骂，就是我们一起喝酒的时候，我不(音高增高，语速放慢)小心，不小心把那个啤酒打翻了，然后这啤酒溅到他身上，他立马就，(大卫2突然站起来，表演激动地骂人的样子)。"沈凌1："真的假的?"穆雷2立即用制止的手势，一只手平伸出去，手掌立起来："OK，你不小心，你不小心，我们不看原因，我们看结果。"|有人1嘘他。刘芸1和普雅1不理解："啊?"|刘芸2："他是无意的嘛。他是无意的，那就要原谅啊。我觉得……|穆雷3同时说话："我为什么要考虑到对方，对方就直接影响到我了。"|普雅同时说话。穆雷4眼睛瞪大："我为什么就要事后就要去考虑到他了。"刘芸3笑着指着穆雷："急了。"穆雷身边的布莱尔1去摸他的肩膀，安抚他。穆雷5抿嘴笑。(字幕：消消火。)

上例中，大卫和穆雷的话语冲突源自非言语交际冲突，冲突的实质是两人的行为规范和道德标准不一致。大卫包括刘芸、普雅等多数人认为对于无意的过错要原谅。大卫$_1$在陈述中通过音高增高和重复来强调自己"不小心"，刘芸$_1$和普雅$_1$的反问："啊?"，刘芸$_2$的解释："无意的，那就要原谅啊。"表明他们关注集体中他人的感受，主张宽厚待人，避免冲突的行为规范和道德标准。而穆雷$_2$"不看原因，看结果"，穆雷$_3$"我为什么要考虑到对方"的论断，体现出穆雷关注自身感受，维护自身权益的个人主义导向的行为规范。人际关系冲突发生引起交际者的负面情绪，会对两人后续的言行产生影响，使两人在言语辩驳当中出现过激的行为和过分的言辞，造成交际冲突激化。

第三节　语言因素

语言是言语交际的载体，语言情感和语言能力的差异容易引起言语交际冲突。

一、语言情感

赵世举(2015：58)指出，"语言与民族、国家和政治的联系密切"，具有"战略意义、政治功能和安全价值"。因此，在多元文化交际中，涉及语言和文化、语言和国家、语言和民族、语言和政治等问题时，不同交际者之间由于观点的对抗，容易引起交际冲突。

例(4)宋博宁："我对这个排行榜提出质疑，你看都是英美澳，都是那个说英语的国家。"法国人宋博宁认为语言影响国家综合实力排名，直接抗议，是语言情感引起语言和国家相关问题的冲突。

(141)吴雨翔$_1$："我现在还有一个问题。"李好$_1$："诶，你说。"吴雨翔$_2$："我上次去法国的时候，要去滑雪。然后我发现了，我一开口嘛，英文嘛。"｜安闹闹点头："嗯。"｜"他回复的是法语。凭什么？我根本听不懂。然后，是因为你们特别的骄傲，还是……?"现场大家[1]纷纷抗议。吴雨翔[3]："凭什么?"韩东秀[1]："为什么?"罗密欧[1]："为什么不讲英文呢?"安闹闹[2]："OK，OK，那先解释一下这个问题，我先抱歉。"大家[1]："啊?"罗密欧[2]："哇哦。"安龙[1]："哦?"吴雨翔[4]："不用了。"普雅[1]："没关系。"安闹闹[3]："可是是这样，法国人不太接受全世界第一个语言是英文，他们觉得，你来，你去法国旅游的时候，你们先学习说 bonjour，你好。"吴雨翔[5]："bonjour。"罗密欧[3]："bonjour。"安闹闹[4]："你要表情一个微笑(偏误：你要做一个微笑的表情)，然后让他们发现，这个哥们不会讲法语，那我跟他讲英文吧。"

上例是由法国人的语言情感引发的语言文化冲突。吴雨翔[2,3]质问法国人安闹闹，"我一开口嘛，英文嘛，他回复的是法语。凭什么?"韩国人韩东秀、意大利人罗密欧附和抗议。安闹闹[3]回复，"法国人不太接受全世界第一个语言是英文"，在法国要"先学习说 bonjour"。这是语言情感的不同引发的多元文化背景下的言语交际冲突。

二、语言能力

语言能力是指交际者在特定的语境中，合理运用语言表达自己的思想以及正确理解对方话语的交际能力，具体体现为词汇能力、语音能力、语法能力、语用能力。我们发现，交际者的语法能力不足虽然影响顺利交际进行，但常常并不影响听话人对说话人要表达的会话含意的正确理解，因此语法能力的欠缺对交际冲突影响不大。

语言能力的不足是多元文化背景的汉语交际冲突的诱因之一。赵世举(2015：3)提出"语言能力作为人区别于动物的主要特征之一，是人的一种最基础、最核心的能力和素质，也是人的基本能力和素质的综合体现。在信息化全球化发展的今天，语言能力的基础性、核心地位和作用更加彰显。"

从交际对象看，多元文化交际者大部分是汉语二语习得者，其汉语能力体现为汉语作为第二语言的习得水平。

1. 词汇能力不足

多元文化的汉语交际者尽管是高级汉语习得者，但语言能力还是有不足的地方。表现在词汇上，就是掌握了某个词的部分义项，没有掌握该词的全部义项，或者只掌握了某个词的理性意义，却不了解其附属的色彩意义，导致交际障碍。

例（115）中詹姆斯₁："诶，其实李斯羽，我觉得这个巨型的猫很适合咱们俩，因为我们俩都是比较巨型的人。""巨型"的理性意义是指"1. 大小或范围方面异乎寻常地庞大的。如：巨型工业设备。2. 比同类或同群中其他成员更大。如：巨型油轮。"而巨型用于形容女性，其感情色彩是贬义的，指其身材太高或太胖。詹姆斯习得了巨型的理性意义，却不知其感性色彩，因而错误地贬词褒用。詹姆斯的本意是用"巨型"来恭维女性身材高挑，却用错了词汇，成了贬低的话，从李斯羽的体态语"闭眼"和直接抗议"不要用巨型这个词"，可以看出由于詹姆斯语言能力中的用词不当，而出现交际冲突。

2. 语音能力不足

交际者的现代汉语发音不标准，这是语音能力不足引起交际障碍。

例（26）韩冰发言中提到"软实力"，但是由于他的发音不准，影响了听话人的意义理解，柳岩小声问沈凌"什么，什么，什么？"。这是语音能力不足触发交际障碍。

（142）普雅："呃，有一个年轻的伊朗小伙子，他有了一个高科技的发明，名字叫未来的淋浴器（发音不标准，淋雨）。"柳岩皱眉头，马上问："什么？"（普雅没有理解柳岩的什么，柳岩的什么是你说的是什么，我没听清楚，而不是这个淋浴器是什么。）普雅解释："就是说我们普通人去洗澡，一般我们会大概浪费50-75升的水。"｜大家点头：

"哦::::"｜但是通过他的这个发明，我们可以把这个水资源，｜柳岩现在才听明白之前普雅说的是淋浴器，所以<u>她重申了一遍："哦，淋浴器。"</u>｜节省90%。是什么东西呢，就是它下面安装了一种特殊的机器，它会把这个水吸、｜柳岩："过滤啊。"｜然后在短时间内变干净，然后再给我们冲这个水。"大家听明白了："哦::::"

上例中普雅因为发音不标准，将"淋浴器"的"浴"的声调发成了第三声，听起来像"淋雨"，这影响了听话人的信息接收，"柳岩皱眉头，马上问：'什么？'"。这是说话人汉语语音能力不足引发的交际障碍。

3. 语用能力不足

语用能力不足引发交际冲突。陈新仁（2009：204-205）将语用能力界定为："交际者在具体语境中运用话语进行的交际从而实现交际目的的能力"，并提出"从语用语言能力（pragmalinguistic competence），社交语用能力（sociopragmatic competence），语用认知能力（pragmacognitive competence）和语篇组织能力（discoursal competence）四个维度对语用能力进行分析。"在多元文化背景下汉语交际中，交际者作为高级汉语习得者，其语用能力的不足将造成汉语交际冲突。

（143）詹姆斯$_1$："你说的是你离婚了对吧，然后你现在有一个男朋友吗？还是？"顾洁$_1$傻眼了："我……"大家$_1$急了，彭宇$_1$、普雅$_1$、沈凌$_1$等不停地说："已婚！""已婚！"大家$_2$笑。（字幕：不是离婚。）詹姆斯$_2$看着大家："我听到了她离婚了。詹姆斯$_3$看顾洁："抱歉，我听到的是你离婚了。"顾洁$_1$连忙把一只手掌举在胸前，意思是没关系。彭宇$_2$："你想太多。所以 James 你就是，我们都一直在说她的丈夫，这样或那样，你就自我屏蔽掉她的丈夫，这件事情是吗？"詹姆斯$_4$辩解："我以为他们在说之前，和你的老公。"沈凌$_2$："James，对于你的这种状态，我们中国人有个讲法就是你能盼点人家好吗？"

上例中，詹姆斯对顾洁的自我介绍内容理解失误，造成了交际冲突。这是语用认知能力不足构成的语用失误。由于詹姆斯₁错误地解读了顾洁的婚姻状态，并当面直接对顾洁说"你离婚了对吧"，触发了顾洁₂"傻眼"并沉默的交际冲突。如果离婚在中国文化中，在社交场合是不适合同不熟悉的人讨论的，詹姆斯₃表述体现出他汉语语言文化的欠缺和语用能力不足，遭到大家₁的集体反对，出现交际冲突。

多元文化交际者在进行交际时，由于个人言语风格的影响，在交际方式上会有不同的表现。当他人不认可你的交际方式和言语风格时，就会产生负面情绪。尤其是交际者因为负面情绪影响而采取的某些交际手段，如拍桌子、突然站起来等非言语行为，打断、重复、话语重叠等话语手段，增大音量、改变语速等有声现象等，都会激化矛盾，造成交际冲突。

（144）孟天₁："我就说你嘛，平时你在节目里表现的这个情况是非常的官方，你一直在克制你自己，（字幕：火药味十足）其实我知道你心里不是这么说的，其实我觉得你可以稍微放开一点，（字幕：撕掉虚伪的假面好好说话）就真实一点，所以希望你以后也稍微收一下这个克制，放开一点，好吧。"（字幕：想看到你坏坏的一面）韩东秀₁："但是我也同意孟天的意见，就是你可能是太克制自己了。"孟天₂："对。"安龙₁："但我觉得这个也许是他的个性，当我的个性。"普雅₁面无表情："所以我从这一期开始就撕孟天啊，｜大家哈哈笑，安龙笑着拍手，屁股离开位子拍手。"……普雅₂："影响一个国家的公德水平，有好多因素，比如地区、教育、人数，等等等等，"｜孟天₃抬头翻了一个白眼。｜（字幕：拜托，别打官腔了！）

上例中普雅和孟天的主导型冲突，是孟天对普雅说话方式"打官腔"的反对。从孟天₁的话语"太官方""心理不是这么说的""克制"，以及孟天₃"翻白眼"的体态语可以看出，这是表达方式引起的交际冲突。

(145)彭宇₁："如果你觉得男人都是外貌协会的请亮灯。是 10 票，不是 1 票。韩东秀₁："百分之百。"沈凌₁开玩笑："现在只有一位女士认为男人不是外貌协会的。"孟天₁站起来指着罗密欧笑。穆雷₁："罗姐。"罗密欧₁："不是，我不喜欢这个外貌协会的，因为这个说法等于说你们认为他的长相是最重要的一个事情我不认为是这样的。" | 大家₁纷纷否认，孟天₁和韩东秀₁摇手。有人₁："可是……" | 有人₂："等一下……" | 有人₃："不是这个意思。"罗密欧₂拍桌子："我还没有说完。" | 吴雨翔₁马上低头，把手掌向前伸出，投降的姿势。罗密欧₃："我没有说，我不会用眼睛来欣赏美，但是它不是我唯一的衡量她的一个因素。"

上例中由于沈凌₁开玩笑，委婉嘲笑罗密欧不男人是"女士"，穆雷₁附和"罗姐"，导致交际冲突的萌发，引发了罗密欧的负面情绪。罗密欧的发言被其他代表打断的不礼貌行为，更是激化了冲突。其他交际者不礼貌的话语和表达方式，激化了交际冲突，导致罗密欧"拍桌子"抗议的体态语，以及"我还没有说完"的抗议。

(146)罗密欧₁："我可以借一个美国的著名的作家，叫 Willian， | 孟天₁大声地有节奏地拍手，字幕提示：起哄，起哄，起哄。 | 罗密欧₂抗议："我还没说完呢！鼓掌啥呀！"孟天羞愧地躲避。

上例中孟天₁在罗密欧₁的发言提到美国作家时，为了表示支持而"大声拍手"，但是教师做派的罗密欧₂并不领情，并认为孟天的行为打断了他发言，"我还没说完呢！鼓掌啥呀！"随后孟天通过体态语表示歉意。这是表达方式引起的话语冲突。

(147)韩东秀₁："其实我觉得你们都没有资格说什么好方法， | 大

家₁嘘他："哟哟哟哟。"|孟天₁吐槽他："韩国人，没办法。"韩东秀₂笑着对着孟天说："你先闭……，啊……"反应过来说了不该说的，马上把头转过去。现场大家都很激动，安龙₁、韩冰₁都把双手五指张开："哇哦!"孟天₂不敢相信自己听到的话，眼睛瞪好大，嘴巴张很大，一手抚胸："哇哦!"孟天₃端起美国国旗图标，说："宝贝，咱们回家吧。"韩东秀₃拍他的肩膀："先让我说完。"孟天₄把身体侧向另外一边说："好不热情啊。"(字幕：伤心，伤心。)

上例中，孟天在韩东秀发言过程中讽刺他，威胁了韩东秀的正面面子。韩东秀产生负面情绪，矢口说"你先闭……"，尽管省略了"闭嘴"的"嘴"，但公众场合使用不文明用语立即激化了交际冲突。安龙₁、韩冰₁使用惊叹语"哇哦"填补交际空白，并表示惊讶的情绪，孟天₂同样重复"哇哦!"，然后以退为进，用"回家"表示抗议。韩东秀₃使用非言语行为"拍孟天的肩膀"来进行安抚，缓解冲突，并争取话语权，孟天₄用体态语"身体侧开"和话语"好不热情"来传达自己的不满。这是不礼貌的话语方式引发的交际冲突。

(148) 穆雷₁："正义不管是在什么样的一个平台，只要你选择了一个适合你的平台，来做正义的事情，那就可以了，你就变成一个正义的人。"布莱尔₁："我觉得有一些人是当时可能找不出一些勇敢去做一个事情，当他们思考了一下，他们可能会觉得我当时应该是这么这么做，但是我没有办法，我只能去网上，我只能上网，然后呢，我可以很有条理地、很有章法地去写一篇文章，或者写一个，一个评论，表达我当时想表达出，而没有勇敢表达出的|有人插话|一些情绪。"有人₁："那因为大家是这样嘛……"|同时大卫₁半站起来反对："那跟放马后炮有什么差别呢? 这个没有用的，就是这完全没有用的。这是放马后炮"……|布莱尔₂同步说话："那你觉得不如什么都不做啊?"|大卫₂："这个已经，说什么说，你当时没有勇气，所有的人都会说，

166

我昨天在走路的时候看到一个老人扑倒了，还有我本来应该扶到他，这种已经是没有用的。"穆雷$_2$："那你就认为我们就不说会更好一点吗？"大卫$_3$刚开口："君子不是……"，就被穆雷$_3$叫停，一只手五指张开向前伸出，禁止的手势："NO，NO，NO！"交际气氛紧张，大家$_1$有点看好戏地嘘："哦。"穆雷$_4$重复本人语步："你认为我们不说会更好一点吗？"大卫$_4$："我觉得就不如不说，其实在俄罗斯就是，这样的人在中国叫做'键盘侠'，在俄罗斯就这样的人叫做＊＊＊＊＊（俄语，字幕：沙发军队），意思是说，沙发军队。"罗密欧$_1$："啊？"大卫$_5$演示："就坐在沙发上面，在电脑面前很舒服，然后就想做什么，其实我在平时生活当中什么人都不是。然后就在网上会判断一些道德的问题，说这个应该是怎么样，这个应该怎么样，那现实生活中，你有这个批判的能力吗？有权力吗？你有什么样的资格说这个好，这个不好。你自己什么也不是！"彭宇："嗯。"沈凌转移话题："啊，他刚才聊那么多，其实我觉得网络世界的事情，其实很多复杂……"

上例穆雷和大卫之间的冲突，表面上看是论点的冲突，穆雷支持网络声援，而大卫反对，认为这种人是只说不做的键盘侠。两人在言语辩驳当中，由于大卫$_3$没有直接回复穆雷$_2$的问话，穆雷$_3$粗暴的直接打断大卫$_3$的发言，并且用体态语"禁止的手势"和语码转换的重复"NO，NO，NO！"强烈要求大卫回答自己的问题。穆雷的话语方式触发了交际冲突，由于气氛紧张，大家$_1$通过嘘声来填补交际空白，想缓和冲突。而大卫$_5$在发言中也不甘示弱，"你有什么样的资格说这个好，这个不好。你自己什么也不是！"大卫的冲突性话语直接激化了交际冲突。主持人彭宇和沈凌赶快转移话题，避免冲突程度加深。

第四节　跨文化因素

跨文化因素受多元文化背景这个交际变量的影响，容易引发言语交际冲突。

一、跨文化交际意识淡薄

同来自不同文化的交际者进行汉语交际，不管是外国人还是中国人，如果缺乏跨文化交际意识，不能认识到文化、价值观、社会规范、语言上的差距，并调整自己的交际方式和策略，就容易产生交际冲突。

（149）李好₁打招呼："嗨。"晓敏₁："欢迎马正桦。"马正桦₁先跟晓敏握手，再跟李好握手。晓敏₂："他和詹姆斯差不多高诶。哇，居然有人快超过詹姆斯了。（两个人很尴尬地站在一起比身高）韩东秀₁："詹姆斯，比你高诶！"詹姆斯₁一脸惊讶的表情，眼睛瞪大，嘴巴张大，手掌张着摊开。詹姆斯₂一手摸脸一边说："这个有一点尴尬，我真的不知道。"然后他用手摸鼻子，是安抚动作。其他代表₁哈哈笑。

在中国文化中，人们在交际中常常聊及个人私事，并通过互相比较来增进感情。因而上例中晓敏₁提出马正桦和詹姆斯一样高，并示意两人互比身高。这给标榜个性的西方人提出了难题，从两人"尴尬"的神情就可见端倪。同样来自东亚的韩东秀价值观相近，附和了晓敏的提议，并指出"詹姆斯，比你高"，触发了冲突。詹姆斯₁，"一脸惊讶的表情，眼睛瞪大，嘴巴张大，手掌张着摊开"和詹姆斯₂"用手摸鼻子"的非言语行为表达了自己的负面情绪，并且用话语表示自己"有一点尴尬"的心理。

多元文化背景的汉语交际冲突，还与交际方是否共同遵循会话准则，综合考虑合作原则、礼貌原则、面子理论等交际原则的规则，根据具体语境，在选择合适的语言单位如词汇、小句、语段、语篇，谋篇布局，正确有效地表达自己的会话含意有关。

二、文化定势

文化定势（Culture Stereotype）又称定型观念，刻板印象。关世杰

（1995；180）指出一个群体成员对另一群体成员的简单化的看法。Atkinston（1982：172）等认为："定型观念是在一段时间内把对一个群体事先形成的僵化观点应用到该群体所有成员的身上，不论个体成员是否有所改变。"

在多元文化背景下，文化定势指来自不同文化的交际者对他文化所有成员的片面的、僵化的、笼统的简单看法。由于文化定势导致对他文化认识简单不全面，容易产生误解，出现交际冲突。

例（57）中韩冰由于文化定势，误认为同为东亚文化圈的韩国人韩东秀也会赞成和父母一起住，而未征求韩东秀的意见，就直接提出"但是我认为我和韩东秀应该一样吧，就是选择跟父母在一起"。韩冰由于认识的定型化，未估计到西方文化对东方国家的影响以及个体差异性，自作主张的话语威胁到韩东秀的面子，在韩东秀被动表示自己持不同意见时，触发了交际冲突。

（150）刘维$_1$："我其实完全没有想到，韩冰会亮灯的，（韩冰$_1$本来面无表情，突然假笑），因为我看过他第一集，然后他在谈他家人的时候，｜柳岩$_1$看着刘维插话："他非常孝顺。"｜非常激动，｜柳岩$_2$反应过来自己刚刚说错话了："这跟孝不孝顺没关系，是一个观点。"有人$_1$："对。"｜韩冰$_2$："我说实话，你们肯定会有疑问，为什么我愿意送我父母到养老院，感觉送到养老院不是孝不孝顺（偏误，应该是，"感觉送到养老院是不孝顺"，字幕更正了），对我而言，并不是，有可能是因为你孝顺，但是你没办法了，我有一次我问我母亲，如果我留在中国，你愿意搬到中国吗？她说不愿意。按照我的概念，我愿意放弃有些东西，为了她，但是有些东西，真是不能放弃。比如说赚钱的机会，因为我在中国，我可以发展，然后我可以从这（缺少了"方面/里"）（用手势比划这里）照顾她，你知道吗？我在中国，为了看她，我存一笔钱，为了每个月看她，所以希望你们别以为我们，不放弃工作，就是因为我们考虑自己，就是因为我考虑到她，考虑太多，如果她生病怎么办，如果她生病，我怎么送她到医院，身体沦落（用词不当，应该是"垮"）了，那是最大最困难（字幕更正成了：最大的困难）所以我只能找一个办法，照顾她，照顾到位，就是送她到最好的地方，比如说养老院。"柳岩₃："哦，了解。"詹姆斯₁接话："对，而且我觉得在西方，很多情况下，一个养老院的照顾，非常的专业。"

上例的冲突源于中国人刘维等在中国传统文化价值观影响下，把孝顺片面地等同于亲养父母，把送父母去养老院看作不孝顺的文化定势。当听到标榜孝顺的泰国人韩冰表示自己会选择送母亲去养老院时，就会认为他不孝顺，出现了刘维₁和柳岩₁的质疑，正是对他文化的简单片面的看法，未能认识到詹姆斯₁提出的"西方，很多情况下，一个养老院的照顾，非常的专业"，从而草率地下论断，触发了多元文化背景下汉语交际冲突。

（151）沈凌₁大笑："哈哈哈。圆满了，来，朋友们，让我们借着德国的香料烧酒，举杯共庆啊，我们《世界青年说》的圣诞晚宴，（沈凌₁和彭宇₁干杯，彭宇₂和柳岩₁干杯）虽然说不是极大的丰富，｜安龙₁一脸错愕，他对沈凌这样的说辞很惊讶，也有点不满。｜但是希望各位外国朋友们在这里找到家的感觉。"

上例中，沈凌说有火鸡、澳洲龙虾、德国姜饼、德国香料烧酒、英国水果布丁的圣诞晚餐不是极大的丰富，这是自诩主人的谦辞。安龙听到后不满，脸上顿时没有表情了，眼睛瞪大，嘴巴打开。沈凌把自己当作主人，按照中国优良传统进行了一番自谦的说辞，而安龙看到大家精心准备圣诞节晚宴，被沈凌说成不丰富，不合圣诞节的文化传统。安龙受文化定势影响，未能足够了解中国文化及体察语境，是矛盾的根源。

三、文化竞争

文化竞争随着经济全球化的推进越来越受到重视，是一个国家综合竞争力中的重要领域。它往往也表现在跨文化交际中在多元文化背景下，有多元文化体验的交际者对多元文化有多重认同。一般来说，来自相同文化圈的交际者，更容易产生文化认同。与此同时，相近文化、相异文化间，也容易产生文化竞争。

Gudykunst 指出，"权势"与交际的关系问题需要更加深入和更加宽泛地探讨。"权势"对语言、交际以及人际关系都产生重要的影响。国家实力、私人关系、个人的社会地位会进入谈话人的认知图式里，和话语方式呈现相关性。来自发达国家的青年代表，会有民族优越感，民族中心主义思想，不自觉地蔑视不发达国家的青年。

(152) 彭宇$_1$："所以这个'意法之战'，真的是在我们场子里面由来已久。"沈凌$_1$："你慎重讲哦，因为你是讲意法还是法意，（字幕：挑事），谁在前面，他们很介意的。"罗密欧$_1$："从历史的角度来讲，我们是早已'掌控'了法国，（字幕：果然争起来了），古罗马，对，意法或是法意，所以是意法，而不是法意。"宋博宁$_1$："他刚才说古罗马是意大利吗？意大利它 19 世纪才成国。知道吗？"罗密欧$_2$："那法国呢？"宋博宁$_2$："法国是全欧洲成国最早第一个国家，而且我想说吧，｜罗密欧$_3$同时说："说吧。"｜罗密欧呢，就是他想问题啊，你等一下（对别人说），罗密欧就是……"｜韩东秀$_1$插话："他们两个人加起来都七十多岁了，还这么幼稚。"｜大家$_1$起哄："哇！"｜（屏幕上有箭射向宋博宁。）韩东秀为自己喝彩，一直拍桌子。（字幕：给自己点个赞）宋博宁$_3$："不是幼稚，而是什么，是，我们懂历史，我们有所思想……"罗密欧$_4$："我们是有文化的和品位。"

上例的冲突之一是相近文化的意大利和法国之间的文化竞争，对于"意法"或"法意"的不同提法，意大利人罗密欧和法国人宋博宁各有见解，为了证明本国有更加悠久的历史文化，而针锋相对。而面对韩国人韩东秀$_1$的质疑"这么幼稚"时，罗密欧和宋博宁则很快达成共识，一致对外。宋博宁$_3$"我们懂历史"，罗密欧$_4$"我们有文化和品位"，从称谓语"我们"也可以看出，法国和意大利人很快结盟对展开对韩国的竞争。

（153）穆雷₁："这纪录片最大的一个问题是什么，就 BBC 每次去做纪录片，都是去黑别人的。"柳岩大声笑₁："哈哈哈。"布莱尔₁先是愣了，听到柳岩笑，自己也笑。（字幕：有吗？有这回事？）穆雷₂："这种好的，正能量的镜头特别特别少的。"布莱尔₂忧伤地点头："添油加醋是蛮多的。"（字幕：大方承认）穆雷₃："黑别人的负面能量的镜头还挺多的。"布莱尔₃假装打人。│安龙₁哈哈笑。│做完之后，布莱尔₄抿紧嘴巴。

穆雷₁抨击英国的 BBC 纪录片"都是去黑别人的"，穆雷₂"好的，正能量的镜头特别特别少的"，通过对英国文化贬低进行文化竞争。而布莱尔₁是用沉默代替了一个话轮，并使用表意性笑声来填补交际空白。对穆雷的指认，布莱尔₂尽管承认，但是面对穆雷₃的咄咄逼人，布莱尔₃使用非言语行为"假装打人"来表达自己的负面情绪，布莱尔₄"抿紧嘴巴"的行为表示他在极力克制自己的负面情绪，避免文化竞争造成的言语交际冲突。

第五章 多元文化背景下交际冲突的应对策略

在多元文化交际背景下，交际者应该增强跨文化交际意识，深刻把握多元文化背景，从"跨文化"视角进入"文化间性"视角，注意尊重、适应他文化交际者的语言文化背景，采用有效交际策略和得当的语言表达手段，避免和化解交际冲突。

第一节 增强跨文化交际意识

多元文化交际者要增强跨文化交际意识，注意如下方面。

第一，外国交际者要加强对中国文化等他文化的认识，中国交际者也要对其他文化增进了解，做到知己知彼，明确异文化之间存在差距。在发生交际冲突后，有多元文化宽阔视野的交际者，更容易做到移情，从他文化、他人的视角来看待交际冲突，做到理解对方观念，尊重对方文化，建构主体间性化解冲突，做到"和为贵"。

增强跨文化意识，不仅可在冲突发生之后容忍或化解冲突，更重要的是，通过了解异文化，在言语交际中加以注意，努力避免出现交际冲突，或将感知到的交际冲突抑制在萌芽期，避免交际冲突深化。

(154) 沈凌₁大笑："哈哈哈。圆满了，来，朋友们，让我们借着德国的香料烧酒，举杯共庆啊，我们《世界青年说》的圣诞晚宴，(沈凌₁和彭宇₁干杯，彭宇₂和柳岩₁干杯) 虽然说不是极大的丰富，│安龙₁

一脸错愕，他对沈凌这样的说辞很惊讶，也有点不满。｜但是希望各位外国朋友们在这里找到家的感觉。"

上例中，安龙尽管对沈凌的发言"我们《世界青年说》的圣诞晚宴，虽然说不是极大的丰富"很不满，但他只是用体态语"一脸错愕"表情达意，并没有采用话语手段进行反击，将交际冲突控制在萌芽期。这是他具备一定跨文化意识，努力避免交际冲突的表现。

例(25)中韩冰把"商业广告"的"商"的声母"sh"错发成"s"。大卫嘲讽他，重复了韩冰的错误发音，引起大家发笑，韩冰立即自我修正，嘉宾秋微委婉地重复了"商业广告"的正确读音，把读音示范包含在新信息里面，"泰国的商业广告拍得超好的，好多都是。"中国人秋微采用恰当方式对交际冲突进行了正确引导，既推动了话题继续，又为"世界汉语"的推广做出了积极努力。

(155)沈凌："啊。那韩冰，你说你们国家不一样。"｜韩东秀突然说："你们喜欢黑牙齿。"大家哈哈笑。安龙和韩东秀击掌。

上例中，韩国人韩东秀了解泰国文化、韩国文化和中国文化的差异，做到了知己知彼。但是韩东秀没有做好"移情"，未能建构起主体间性。他不仅没有理解、尊重、欣赏对方文化，反而以此为论据，对泰国古代以黑牙为美的传统文化进行了讽刺，引起交际冲突。

(156)罗密欧$_1$："对，这种面可能你觉得有点怪怪的，谁看过？……这样一个黑黑的。"布莱尔$_1$很惊讶："吴雨翔还拿筷子吃！"(字幕：在中国，都用筷子吃面啊)有人$_1$："这是用什么做的？"罗密欧$_2$："怎么用筷子吃面啊？"

上例中罗密欧在节目中带来了意大利面，吴雨翔入乡随俗，使用筷子吃面，结果遭到英国人布莱尔的抗议："吴雨翔还拿筷子吃！"罗密欧$_3$附和："怎么用筷子吃面啊？"在西方文化，吃面是用叉子吃的，但是在中国，大家都用筷子吃面。吴雨翔适应了中国文化，自然而然就使用了筷子吃面，但是在有些西方人看来，用叉子吃面是用餐礼仪，否则不文明。可见，上例是交际者对文化适应的差异导致的交际冲突。多元文化背景的汉语交际者应该对交际者的文化价值选择保持尊敬，做到共情。

（157）孟天$_1$："我作为一个对孩子没有任何兴趣（缺省了"的人"），我不想要，所以我就觉得我不生，这是我的贡献。"布莱尔$_1$："你知道吗，我现在满脑子都是你把孩子抱在襁褓的那个时刻，然后摔在（肩上），我觉得你不生孩子才是对的。"孟天$_2$："呃:::"双手指着布莱尔。普雅$_1$："我强烈反对孟天这个想法。"孟天$_3$双手准备抱头，很快速地夸张地说："哦，好吃惊啊！哇！啊！哈！怎么这样！"（字幕：就说你的低调温柔全是装的！）普雅$_2$："首先我真的是没办法理解你的这种思维，我觉得我们每一个人在这人生当中，最伟大的一个、就是最有幸福感就是有自己的孩子，对。你没有这个你人生有什么意义？"│柳岩$_1$打圆场："不会，不会，这是个人的选择。"（字幕：做人不能太极端！）│大卫$_1$："那些没有生孩子的人，难道人生没有意义吗？"普雅$_3$："没有意义啊。"吴雨翔$_1$："假如你作为一个女人，你不可以生孩子，那你怎么办？你就自杀，因为你没有，人生没有意义吗？"（字幕：你要逼死多少不生孩子的人。）普雅$_4$："没有，等一下，你说这个情况，如果我老婆或者我有问题，我们是不能生孩子，好，我去养孩子，我去养婴儿，第二……"│孟天$_4$插话："我养条狗不行吗？为什么要养个孩子啊？"普雅$_5$："很简单，我就是我上大学，我赚那么多钱，我工作，我要把这些财产、这些知识，我要传给我的下一代。"大卫$_2$："为什么？"孟天$_6$也问："为什么？"为什么不可以捐款给社会啊，为什么不可以做慈善呢？（字幕：步步紧逼。）普雅$_6$："为什么我不给自己的孩子，给别人的……"│孟天$_7$插话："因为我没有孩子。我不想要孩子啊。｜有人："就这个理由啊。"｜普雅$_7$："可是你为什么不想要孩子?"孟天$_8$："因为我没那么自恋啊。"普雅$_8$表情认真："这不是自恋，噢，不是自恋。"孟天$_9$表情也很认真："真的是一个个人的选择。我觉得，你想要个孩子，我完全支持你，你想多生，你可以，但我还是觉得你自恋。(字幕:见缝插你两针)但是我不想生，我不觉得你可以说我的人生没有意义。"(字幕:我在用我的方式实现自己的价值)我就是想改变世界，｜沈凌$_1$："嗯。"｜(字幕:我就是这么任性)怎么改变，就是不生小孩。"韩东秀$_1$圆场："但是我觉得东方和西方的文化不太一样，如果我们不生孩子的话，(字幕:东方派，不孝有三，无后为大)有点得罪我们的父母。"普雅$_9$："对。"

上例的冲突来自多元文化差异，冲突话题是"生不生小孩"。尽管是论点冲突，但因为美国人孟天和伊朗人普雅的国家政治立场对立导致两人产生过龃龉，恶化的人际关系一直没有修补好，从而一直影响两人的正常交际，表现在本例中就使本应该是交替型冲突转化成了主导型冲突。来自东方文化的普雅$_{1,2,3,4,5,6,7,8,9}$强烈反对孟天不愿生小孩的观点，认为"人生没有意义"，而孟天$_{1,2,3,4,5,6,7,8,9}$则认为不生小孩是自己"改变世界"的举动，双方在观点上针锋相对，互不理解，导致冲突激化，从普雅$_8$和孟天$_9$"认真的表情"可以看出双方都产生了负面情绪。对此，对东西方文化均有了解的韩国人韩东秀出面协调，指出两人的冲突不是个人冲突，而是不同类型文化冲突，"东方和西方的文化不太一样"，并对同为东方人普雅的观点进行了补充"不生孩子有点得罪我们的父母"，字幕提示:"东方派 不孝有三 无后为大。"可以见，增进对多元文化的了解，可以帮助我们开拓视野，了解文化差异，有效化解文化冲突。

例(36)中，争论的话题是"是祖父母还是保姆抚养小孩"，普雅反驳大卫:"那我可能会反对大卫，这是跟西方文化是很，有很大区别的，文化差异很明显"，这就给冲突定了性，不是个人冲突，而是文化差异，说明普雅具有跨文化交际的意识。交际者在多元文化中增强跨文化交际意识，可以化解很多交际冲突。

第二，交际者要适时审视自己，反思自己在多元文化背景下的汉语交际中是否有文化定型的片面理念，及时进行调整，做到多元文化的互相适应和多元文化的认同。

（158）罗密欧[1]："……我们都是不完美的人。所以我的意思是，先要拿你的手摸你的良心（罗密欧用手摸了摸自己的左腰）说，│秋微[1]问："为什么良心在这儿？"罗密欧[2]："在国外，在意大利在这儿，不知道为什么。"秋微[2]笑："嘿嘿嘿。"柳岩[1]："哦，真的？"穆雷双手捧着自己的左腰的位置："在意大利就是长在这边的，不好意思。"彭宇[1]："所以在中国，这个地方叫做腰子。"吴雨翔[1]也闹，双手捧着左腰看着罗密欧："我心痛，我心痛。"罗密欧[3]一边假装打吴雨翔。沈凌[1]："诶:::，我们要尊重人家国家的那个习俗文化。对，人家的文化。"柳岩[1]："以后在意大利发誓，我摸着我的良心（双手摸着左腰）告诉你。"安龙[1]："对对对。"罗密欧偏着头，用拳头支撑着太阳穴笑。（字幕：你们欺负老人家。）

上例中，因为文化定势的影响，中国人对意大利人罗密欧摸着"左腰"当做"良心"的行为不理解。从秋微[1]的发问，到彭宇[1]的解释，都可以看到中国人因为文化定势受到了文化冲击，而了解文化的哥斯达黎加人穆雷[1]则帮忙证明，"在意大利就是长在这边的"。德国人吴雨翔摸着左腰说"我心痛"来取笑罗密欧。对此，尽管出现了文化冲突，因为有穆雷对意大利文化了解的佐证，具备跨文化交际意识的主持人沈凌及时引导："我们要尊重人家国家的习俗文化"，柳岩展现积极的文化适应和文化认同，使得潜在的交际冲突转化成了多元文化交融的友好互动。

第二节 树立"世界汉语"观念

中国综合国力的提升，汉语二语习得者不断增多，汉语在国际上使用

日益广泛，这使汉语在不同语言、文化影响下产生各种变体，客观上正在
形成以普通话为基础的具有多元化特点的"世界汉语"。我们应该以宽容的
态度对待这种客观变化，减少对多元文化背景下汉语使用的苛求，以缓解
汉语非母语使用者的汉语交际压力和焦虑，减少交际冲突。陆俭明（2005：
70）指出："随着中国经济的飞速发展和国际地位的日益提高，汉语的国际
化趋势日益增强，中文正逐渐跃升为全球仅次于英文的新强势语言。"高一
虹（2010：225）指出，"特别是在全球化语境下，出现一种新的身份认同，
即混合身份认同（bybrid identity），多样化的语言和文化一点点组合，形成
一个混合的新整体。"可见，树立"世界汉语"观念已经成为新时代的汉语发
展的必然趋势。

　　所谓"世界汉语"是指，以普通话为基础的，在世界不同地区使用的，
具有多元文化特色的汉语。"世界汉语"受到不同国家语言以及汉语二语习
得者的语言能力等因素的影响，在口音、词汇、语法、语用等方面会表现
出异域特色；此外，受到不同文化的价值观、社会规范、思维方式的影
响，外国交际者使用汉语表现出各具特色的表达方式和话语风格。"世界
汉语"旨在建设和谐包容、求同存异的世界通用汉语。

　　事实上，英语早就变成复数，具有"世界英语"的特点。"世界英语
（World Egnlishes）是一种概念，是指因英语语言作为全球性的交流媒介受
许多他国语言或方言影响，逐渐形成英语的世界性标准。"（孟俊一，2011）
"英语在走向国际化的同时，由于文化等因素的不同，使用者在国际交往
中使用的英语势必体现本民族，国家的语言和文化烙印，这就出现了在语
音、词汇、句法等方面有差别的众多英语变体（Englishvarieties），如美国英
语（American English），澳大利亚英语（Australian English），印度英语
（Indian English）等，English 这个词本身也有了复数形式 Englishes。"（田振
江，2007）

　　这也告诉我们，产生"世界汉语"是正常现象。如果人们普遍具有
"世界汉语"的观念，多元文化背景下的汉语交际就可以避免不少交际冲
突。洪历建（2014）提出："'国际汉语'是'复数'的，'国际汉语'概念中

的'汉语'是将汉语作为母语、汉语作为第二语言、汉语作为外语、汉语作为工作语言、汉语作为社区语言和汉语作为家庭语言的全球各种汉语的总和。"

我们非常认同洪历建(2014：61)提出的"破除'汉语仅仅是中国的语言'这种传统观念，建立一个多元的、全球化的汉语概念，对于实现一场观念上的革命，认清汉语在国际上的地位，并据此推动汉语在世界各国的教学，将有重大意义"，但在"世界汉语"的定义上却有不同的认知。

"世界汉语"对以汉语为母语的中国人提出了新时代的要求。在越来越频繁的多元文化背景下汉语交际中，汉语母语者需要秉持包容、和谐的"世界汉语"观念，面对不同汉语水平、不同语言能力的汉语习得者，灵活配合，包容和理解多元文化交际中出现的各种偏误、错误、失误，采取恰当方式进行正确引导，使多元文化交际者减少语言焦虑和多元文化的汉语交际压力，缓解交际冲突。

"世界汉语"和李宇明教授提出的"大华语"的研究范围相关，"开展全球视角下的华语研究"，但是具体研究对象不同。"李宇明(2016)在《全球华语大词典》的序言《华人智慧，华人情怀》中，把'大华语'定义为'以普通话/国语为基础的全世界华人的共同语'。'大华语''华语''全球华语'等，几乎是同义术语。'大华语'之'大'，是范围意义上的'大'，也就是'全球'的意思。""大华语的研究范围'指除了地区方言之外的海内外汉语。'"(李宇明，2017)

可见"大华语"的研究对象是指大陆人、港澳台人、海外华人华侨等"全世界华人"。而我们所提出的"世界汉语"以说汉语的多国人为研究对象。"世界汉语"研究的是以汉语为第二语言的习得者同汉语母语者之间进行交际时所说的汉语。它是在多元文化共存背景下，以中国语言文化为语境，多国人进行交际的媒介语。它是习得汉语的外国人为了在汉语言语境下相互交际，或为了融入汉语言生活而使用的"世界汉语"。

多元文化背景下汉语交际冲突的语言事实提示我们，需要树立"世界汉语"观念。

例(85)中安龙用词不当"我，就是我喜欢，参观。"中国嘉宾刘芸尽管指出了错误所在，却没有告之正确用法，并且交际方式也不友好，几乎是嘲笑对方的用词，"参观？（停顿），参观，他卖门票吗？"这就给多元文化交际者带来了语言焦虑，触发了交际冲突。

(159)詹姆斯[1]："诶::::，其实李斯羽，我觉得这个巨型的猫很适合咱们俩，因为我们俩都是比较巨型的人。"｜李斯羽[1]听完闭着眼睛笑，说明她确实挺介意巨型这个词｜｜罗密欧[1]、韩东秀[1]笑出声："哈哈。"詹姆斯[2]："要不我们、我们一起养一只？你觉得怎么样？"（字幕：真诚邀约）孟天[1]反对："No。"李斯羽[2]："James，我给你一个建议，你就是，虽然我觉得这个提议非常的友好（李斯羽的眼神飘忽，因为在说一件有损对方的事情，有点不好意思），可是（重音），请你形容一个女生的时候，｜彭宇[1]同时强调："不要用巨型。"｜李斯羽[3]："不要用巨型这个词。"（字幕：超介意）其他代表[1]起哄："哦！::::""哈哈。"安龙[1]做了一个大力扇耳光的动作。罗密欧[2]也是先双手竖大拇指、然后鼓掌、然后做连续扇耳光的动作。吴雨翔[1]先捂着额头，然后捂脸，意思是被打脸了。穆雷[1]指着詹姆斯："说错了，说错了，说错了。"｜詹姆斯[3]镇定地说："但是，对我来说，因为我是一个身高控嘛，这个是夸人的。你知道我在夸你，所以我希望……，｜普雅[1]："不要这样夸。"｜但是我现在了解你的感受，所以我将来不会提到……"｜彭宇[2]插话："所以James，对于女生，什么巨型、大只，｜李斯羽[4]同时说："大只。"｜粗壮类似这样的词，最好不要用，好不好？"沈凌[1]："你最好形容她是高挑，或是身｜彭宇[3]插话："苗条。"｜身材纤细。"詹姆斯[4]接受大家的批评指正，双手合十："对，不好意思。"李斯羽[5]："哈哈哈。"

上例由于詹姆斯的汉语能力不足，本想用"巨型"来恭维李斯羽身材高挑，却用词错误，激起李斯羽[3,4]，彭宇[1]，穆雷[1]，普雅[1]的话语反对，罗密欧₁和韩东秀用表意性笑声₁暗示出错了，李斯羽₁，安龙₁，罗密欧₂和吴雨翔₁用体态语来演绎詹姆斯的尴尬心理。值得赞赏的是，李斯羽₂在指出詹姆斯错误时，态度友好，主持人彭宇₂给出了该语境下避免使用的词语，沈凌₁，彭宇₃给出了建议使用的词语，詹姆斯₄虚心接受了指导并对用词不当表示歉意，解决了交际冲突。此例中主持人的做法符合"世界汉语"的理念，做好了世界汉语的推广工作，正确引导交际冲突，使之成为一次汉语文化交流的契机。

（160）韩冰₁："在泰国，女生不太喜欢让男生请客。为什么？因为泰国女生感觉，我有能力。我能照顾自己。但是，｜孙骁骁想插话｜我说就是结(jiá)婚之前，但是结(jiá)婚之后就是另一回事了。｜彭宇₁插话："请问反方同学，"夹婚"是个什么意思？"孙骁骁₁："呵呵。"。韩冰₂："啊，结(jiá)婚。（发音还是不对）｜大家₁："哈哈。"。｜结((jiá)婚，但是在泰国结婚之后，不太 AA 制了，就是平时就是女人、女人付钱。"｜

上例中，韩冰把结婚发错成了"结(jiá)婚"，遭到彭宇质疑："请问反方同学，"夹婚"是个什么意思？"孙骁骁立即附和："呵呵。"韩冰₂立刻纠正："啊，结(jiá)婚。但是发音还是不对，遭到大家的嘲笑："哈哈。"

例（32）中，吴雨翔认为自己的篮球鞋很多，自豪地说有"20 多（缺省"双"）篮球鞋"。主持人柳岩回应"你只有 20 多双篮球鞋啊"，虽然委婉地修正了吴雨翔上一话轮的语法错误，但却暗讽吴雨翔鞋子少却要炫耀，威胁了吴雨翔的正面面子。柳岩的话语违反了礼貌原则的赞誉准则，触发了交际冲突。

以上例子启示我们，为了避免汉语跨文化交际冲突，有必要树立"世界汉语"的观念，为外国的汉语二语习得者提供更和谐、宽松、包容的汉语交际语境，为汉语推广做出应有贡献。

第三节　掌握避免冲突的策略

前文对多元文化背景下汉语交际冲突的篇章特征和导因的研究，为我们探讨避免和化解冲突的策略提供了依据和启示。从冲突的交际者来看，有回避策略，妥协策略，说服策略；从冲突外第三方交际者来看，有协调策略。

一、回避策略

回避策略是解决交际冲突的有效方法之一。尽管交际冲突使交际者产生了负面情绪，但接话人为了实现既定交际目的，维护人际关系，维护双方面子，可以采取的一种忽视、不合作的回避策略。这是交际者舍弃当前个人利益，维护大局的有效策略。在多元文化背景的汉语交际中，回避策略主要应用在主导型冲突中，交际者受到"以和为贵"文化理念的影响，或为了保持和谐的人际关系，实现既定的交际目的，选择忽略或回避冲突的交际策略。

> （161）彭宇："英国的朋友，你不要羡慕，OK，接下来第二名是，|彭宇："是英国吗？"|US。"孟天："诶，我正想说，我输给安龙我觉得是 OK 的，因为澳大利亚跟美国是有友好的关系。而且我估计是澳大利亚人长得有创意，所以有加分，所以……（手伸向安龙）"安龙有点愣地笑，大家也笑。

上例中，孟天在发言中影射安龙长相不好，"诶，我正想说，我输给安龙我觉得是 OK 的，因为澳大利亚跟美国是有友好的关系。而且我估计是澳大利亚人长得有创意，所以有加分，所以……"安龙对冲突的处理方式就是回避策略，以"有点愣地笑"代替了一个话轮，"有点愣"表示安龙通过寻找到话语"长得有创意"和语境"自己的长相"的最佳关联，推测出孟天暗讽自己长相奇怪，但是安龙没有直接反驳，而是选择了表意性的"笑"来回避冲突。

二、妥协策略

妥协策略指在多元文化背景下言语交际冲突中，说话人注重其他交际者的心理感受、人际关系的和谐和交际秩序的稳定，选择在自己的观点上妥协让步，避免交际冲突的激化。包括被动妥协和自愿妥协两种情况。

1. 被动妥协策略

当自己的观点引起冲突并遭到对方强烈反对，为了照顾对方的心理感受，避免交际冲突的激化，说话人可以及时转换策略，采取被动妥协方式进行补救，以维护人际关系，实现既定交际目的。

（162）大卫₁："你年轻的时候不注意自己的身体，当老了的时候，你后悔就来不及了。"韩东秀₁："我承认这种身心健康的这种态度是非常好的习惯，│安龙₁："对。"│但是我怕就是你这样无聊地走下去，一直克制自己的话，"│大卫₂皱眉反对："谁说无聊啊？"（字幕：不爱听）│韩东秀₂闭眼，手做出制止的姿势："我，我说错了。"

上例中，大卫和韩东秀有论点差异，韩东秀₁在表述中用了带有贬义色彩的词"无聊"来形容养生派的生活方式，遭到大卫₂的诘问，为了避免冲突升级，迫于交际压力，韩东秀₂在第一时间在言语上让步"我，我说错了"。然而从他的非言语行为"闭眼"来看，可知他口不对心，只是为了维护人际关系的和谐，被动妥协。

（163）沈凌₁："等一下，穆雷，穆雷，呃，是因为你有比较严重的拖延症（语速慢，因为后面的问题有点尖锐），还是说，你在对我们的导演耍大牌？"大家₁一起说："大牌，大牌，大牌，大牌……"罗密欧₁是用手侧捂着嘴巴，假装说悄悄话的姿势。穆雷₁先是做出制止的手势，但是大家一直不停地说："大牌。"穆雷$_2$为了给自己找台阶下，双手平伸出，手心向下："我们这个问题，这个问题，我们让真二来回答。"(之前大家找穆雷茬时，黑木真二一直在笑，字幕：看热闹。穆雷突然把问题丢给黑木真二$_1$，他吓得一抖，身体往穆雷的反方向靠。)穆雷$_3$恶狠狠的表情和语气："你觉得我是耍大牌，还是没时间？"黑木真二$_2$做出谄媚的点头哈腰的表情："没时间。"(字幕：委曲求全)柳岩$_1$哈哈笑。沈凌$_1$："真二，真二，你就不能拿出一些勇气来吗？"黑木真二$_3$做出很苦的擦泪的表情。(字幕：别说了，都是伤心的往事)

上例中，在大家质问穆雷耍大牌还是没时间时，穆雷利用黑木真二曾说过对他不利的话而有愧于他的交际背景，把这个尖锐的话题抛给黑木真二来回答，"雷恶狠狠的表情：'你觉得我是耍大牌，还是没时间？'黑木真二做出谄媚的点头哈腰的表情：'没时间。'(字幕：委曲求全)"黑木真二迫于交际压力，也受日本和文化影响，他被动妥协说"没时间"，从字幕标注"委曲求全"和黑木的体态语"吓得一抖""谄媚地点头哈腰"，调距调整"身体往穆雷的反方向靠"可以看出黑木真二是言不由衷，被动妥协。

2. 自愿妥协策略

采取自愿妥协策略的交际者，在合作原则、礼貌原则等交际原则，及个人性格等方面影响下，交际者注重人际关系的和谐，在交际冲突发生后，主动维护对方或双方面子，自愿妥协。

(164)彭宇$_1$："那个黑木，黑木朋友，是这样的，我们平时一般就是说日韩日韩，对不对？"| 韩东秀$_1$插话："韩日韩日。"沈凌$_1$："哦，你们也介意这个是吗？日韩和韩日。"| 同时黑木真二$_1$在和大卫说日语。韩东秀$_2$："当然会介意。"黑木真二$_2$："我就谦让一点吧，他怎么说，我都原谅，我都谅解。"韩东秀$_3$马上温柔地反击："其实这样，其实这样，我觉得日本人非常友好，非常讲礼貌，但是连一个国家与国

家之间最基本的问题都没有解决好的国家，（字幕：就这么握手言和了吗？还能谈礼貌吗？"字幕：就知道没安好心。大家$_1$起哄："哦！"有人$_1$："我们有人射箭哦。"画面上有一支箭射向黑木真二胸口。孟天$_1$嘴张大，字幕：好狠呐。黑木真二$_3$沉默，放弃话轮，没有回应韩东秀的问题。主持人接话，彭宇$_2$："好了，我们已经介绍了两位新的朋友，呃，接下来，我们要欢迎到的是，来自中国的提案嘉宾。

上例的冲突是彭宇$_1$所说的汉语的日韩和韩日提法之争。韩国人韩东秀坚决支持"韩日"的提法，直接表明自己的观点"韩日韩日"，"当然会介意"。面对交际冲突，黑木真二的态度是"我就谦让一点吧，他怎么说，我都原谅，我都谅解。"然而我们仔细斟酌用词，黑木真二看起来是高姿态，"原谅""谅解"的用词委婉地维护了自己的立场，说明日韩是正确的，韩日是不正确的提法，这才需要谅解和原谅。韩东秀通过最佳关联，推测出了黑木真二的会话含意，于是他引入了新的论据"连一个国家与国家之间最基本的问题都没有解决好的国家"，批评日本人伪善。由于涉及政治敏感话题，冲突激化，大家$_1$通过起哄，有人通过评价"我们有人射箭"来填充交际空白，孟天通过体态语"嘴张大"来委婉反馈，告知韩东秀话题过于敏感、大胆。黑木真二在价值倾向、日本书化、礼貌原则、面子理论的影响下，保持沉默，放弃了话轮。沉默在东方文化中代表了仔细思考、容忍礼让的优良传统。黑木真二在妥协策略不奏效后，采取了回避策略。

交际方为了既定交际目标的实现，可以通过对话强调对方的优点，或提出冲突双方的共同点，来缓和冲突，化解矛盾。例（10）中孟天$_1$在用"老鼠"侮辱了宋博宁后，为了减少树敌，缓和同宋博宁的紧张关系，他就采取对话的方式赞扬对方的优点"他还有点小可爱什么的"，并且在孟天$_5$中，提出美国和法国的国际关系好，有友好的历史，自愿妥协，试图缓和交际矛盾，化解冲突。

三、说服策略

说服策略是交际冲突中的交际方采取的主要策略，通过论证、引用等方式说服对方，证实己方结盟的论点，证伪对方结盟的论点，来结束冲突。来自多元文化的交际者在价值观上若倾向于低回避不确定性，认为竞争有利于冲突的公平解决，那么他在交际冲突中会容易采取说服策略。

(165)彭宇$_1$："孟天，首先第一个，理由是，讲话太油了，不靠谱，他讲话不知道是真是假。"孟天$_1$抿嘴："哦。"罗密欧$_1$做了一个"O"的口型。詹姆斯$_1$也是做出了哈哈大笑表情，却没有笑出声。韩冰$_1$摇头摇手："哦哦。"孟天$_2$捂着嘴巴笑，身体低靠在桌子上。穆雷$_1$比划打了两枪，还发出射击"砰"的声音。孟天$_3$："我真的不知道诶，但我很同意他的观点。"大家$_1$拍手笑。孟天$_4$："我就是这样，怎么着？"沈凌$_1$："你有发现有人脸已经涨得通红了吗？"吴雨翔$_1$几乎趴在桌子上，看自己的国旗，播弄自己国家的国旗。孟天$_5$："小翔，我可是你的学长啊，你敢啊？"吴雨翔$_2$亲了自己国家的国旗(字幕：卖萌，卖萌。)说："真的，你有时候讲话的时候，不知道是真的是假的。"孟天$_6$："我解释一下，我们美国有个东西叫幽默。｜大家$_2$哈哈笑。｜德国没有，他不太懂。｜吴雨翔$_3$闭眼笑，低头，用手挡住自己的额头。｜就是你说完一个东西，别人会这样，这叫笑声。有一个叫讽刺，就是你说的是很平的，但是是个笑话。"吴雨翔$_4$："可是作为一个老板，你不要讽刺人是吧。"

上例是主导型冲突，主要是孟天和吴雨翔之间的交际冲突。在冲突萌芽阶段，因为大家不知道彭宇$_1$提出的评价是谁说的，因而罗密欧、詹姆斯、韩冰、穆雷只是通过非言语行为和拟声词来做出反馈，填补交际空白。为了维护社会关系，孟天$_3$承认被对方说服，"我真的不知道诶，但我很同意他的观点"，这创造了幽默的语用效果。在交际冲突的深化过程中，两人都采用了说服策略。

冲突萌芽：彭宇$_1$—孟天$_1$—詹姆斯$_1$—韩冰$_1$—孟天$_2$—穆雷$_1$—孟天$_3$—大家$_1$—孟天$_4$—沈凌—$_1$—吴雨翔$_1$

冲突激化：孟天$_5$—吴雨翔$_2$—孟天$_6$—｜吴雨翔$_3$｜—吴雨翔$_4$

在沈凌$_1$指出是吴雨翔批评的孟天后，冲突进入激化阶段。通过你来我往的辩解，来表达自己的观点，争取听众的认可。即通过言语辩论来证实己方论点，以结束冲突。

四、协调策略

在多元文化背景下的汉语交际冲突中，第三方交际者不是站在冲突一方的立场上帮腔，而是以中立的立场去调解矛盾和化解冲突，维护汉语多元文化言语社区的交际秩序。

1. 叫停冲突

第三方交际者，尤其是有权力的中间人可以利用权力差距，叫停冲突，建议冲突方讲和。

（166）大卫："孔子云，听其言而观其行。"（韩冰撮嘴巴表示惊讶）孩子的教育不一定是要教他一定用言论说明对父亲的尊重，而是，我觉得，最关键的应该教育他用行为证明自己的感恩之心。韩冰："我刚才听到你说孔子说，是吗？但是我知道孟子说。（字幕：砸场王。两人对比）代表们哈哈笑。如果你要平天下，首先你要治国，治国之前，你要齐家，齐家之前要修身，就是你要小事做得好，你才能做大事。我问一下，如果你连父母你也不知道要感谢，你认为陌生人你会感谢吗？"大卫（半起身，身体前倾，右手拍桌子，表示抗议，音量大，语速快）："请不要偷换概念。我们并不是说，我们不要感谢父母，而是说不要强制性地｜韩冰插话，同时说话，不是强制……"被身边其他代表拉住。｜让孩子感谢父母。"场面混乱，太多人同时说话，李好敲响桌子，要求大家肃静。孟天（字幕：和事佬）："就是我要提醒各位，在谈礼仪的事，我们讲得这么凶，我觉得没有必要，而且美国作为英国的儿子，对吧，有了英国才有了｜李好插话："他们愿意当

儿子。"|非常优秀的美国。"

上例中，大卫和韩冰的观点差异使冲突激化。从大卫的体态语"半起身""拍桌子"和表意性发声"音量大，语速快"看出，大卫的负面情绪增加。韩冰用话语重叠，与大卫同时说话，来表示自己的不满。"场面混乱，太多人同时说话"，属于多元文化交际失序冲突。此时，议事长李好利用权力差距采取了协调策略，为维护交际秩序"敲响桌子"。孟天也采用协调策略，用话语进行调解，"在谈礼仪的事，我们讲得这么凶，我觉得没有必要"，提醒大家注意交流的方式。

社会身份认同在多元文化背景的汉语交际冲突中也具有重要作用。不同的社会身份代表了不同的立场、态度和权势。其他交际者对主持人言辞的尊重，实际上是对社会身份的认同。中国属于权力差距大的社会，主持人的社会身份赋予了他维持交际秩序，调解冲突的权力。因此，议事长李好可以用"敲响桌子"来叫停和协调冲突。

2. 转移话题

多元文化背景下的言语交际冲突激化，使交际者的负面情绪增加，交际压力增大，第三方交际者可以转移冲突话题，搁置冲突，来缓和冲突方紧张的社会关系，保留冲突双方面子。

(167)彭宇$_1$："还有一个人说，他说罗密欧说话太慢，他要我去做个任务，等讲完任务是什么的时候，可能已经不需要做了。"大家$_1$笑。罗密欧$_1$猜："这个是孟天说的。"孟天$_1$："不是，我说的是年龄的问题。"罗密欧$_2$猜："David。"彭宇$_2$："大卫。"大卫$_1$："不是，我投的不是你。"彭宇$_3$："布莱尔，是布莱尔。"布莱尔$_1$："我特别喜欢罗密欧，我只是觉得有点让我想到一些英国的老板，也不是说收话很绕，但是只是觉得有时很……(布莱尔开始比划动作)|安龙$_1$插话："很长。"|特……别……慢。(布莱尔说话的时候，语速也很慢。)所以我

觉得……"大家₂笑。布莱尔₂："所以，有时候我觉得……"｜罗密欧₃
插话："所以老板的语速是很重要的，所以孟天是最好的老板吧。"(因
为孟天说话语速快。)孟天嗤笑："我也觉得是。"

上例的冲突是布莱尔和罗密欧之间的主导型冲突，冲突源自布莱尔批
评罗密欧说话语速慢不适合当老板。罗密欧无法采取说服策略证明自己说
话语速不慢，为了证实自己的论点，并维护自己的面子，罗密欧₃采取转移
冲突的方法，"所以孟天是最好的老板吧"，因为孟天说话语速快，罗密欧
将冲突转移孟天身上。

3. 使用幽默

在多人多元文化背景下的言语交际冲突中，为了缓和冲突，填补交际
空白，第三方交际者可以用语言、体态语、表意性发声的"笑""掌声"等非
言语行为制造幽默，避免冲突激化。

(168)沈凌："我们现在把一个同样的难题给 TK11 嗷，如果今天
摆在你面前，也有一个非常重要的机会，｜罗密欧："呃。"｜但是你必
须要从机会和友谊当中选择一个，抛弃剩下一个，你们会选哪一个?"
罗密欧："能不能具体一点吗?"沈凌感觉到被质疑，说话有点快语气
有点冲："比如说《世界青年说》明天的录影，｜罗密欧："OK (压低
音)。"｜你和吴雨翔，只能有一个。"孟天："吴雨翔、吴雨翔。"韩东秀
拍手鼓掌。穆雷假装提醒孟天："麦开了，麦开了。"孟天马上捂着自
己麦假装调试："喂、喂。"大家哈哈笑。

面对沈凌有意刁难的话题，穆雷假装提醒孟天"麦开了"来暗示他不要
乱说话，孟天通过上下文语境和穆雷的提示，根据最佳关联推测出穆雷的
语义暗含，于是配合穆雷，假装调试麦克风。交际者使用幽默实现了对冲
突的回避和话题的转移。

(169)布莱尔₁："等一下，我要原谅一下宋博宁，因为他有好几期不在，这个刻板我们已经完全打破了。已经不在了。"|沈凌₁质疑："有吗？"（字幕：什么时候破的？）|布莱尔₂："因为呢，其实我已经证明过，我说过我这一些食物我从小到大从来没有见过，|宋博宁₁把手伸出来："我跟你说……|布莱尔₃用手去阻止，意思是听我说完，同时声音加大："你不要去加强英国黑暗料理的刻板，好吗？"宋博宁₂张嘴，布莱尔₄抢话："因为真的不是。"宋博宁₄马上把头撇开了，同时摇头，布莱尔₅也把头撇开了。（字幕：宋博宁：实话实说，布莱尔：生无可恋）大家₁哈哈笑。彭宇₁："我觉得今天宋博宁他过来，他不是聊创意的，他是来结梁子的。"大家₂笑，宋博宁₆也笑。（字幕：大家一起聊天而已嘛。）

上例是宋博宁和布莱尔的主导型冲突，随着冲突激化，交际的负面因素增加，宋博宁₄"把头撇开了，同时摇头"，而"布莱尔₅也把头撇开了"，非言语行为传递出两人的对抗情绪。大家₁通过表意性发声"哈哈笑"来填补交际空白，缓解冲突。彭宇₁使用幽默化解了冲突，也暗示宋博宁不要跑题。

(170)沈凌₁："……你们是真的生活当中惧怕穆雷突然发火，是吗？"罗密欧₁（音调有点高）："我不怕。"沈凌₂："有人是怕的。"韩东秀₁："有点怕。"|韩冰₁："有点怕。"|布莱尔₁："有的时候有点怕。"|詹姆斯₁比了一点点的手势。|大卫₁直接说："就是身边有那么一个人，总是因为小小的事情发脾气，就是觉得，让人讨厌（讨厌语速变慢），（字幕：豁出去了。）就是觉得这个人总是发脾气，总是不满意，就是有这样一个人。"穆雷₁面无表情，说完了大卫₂有点怕，马上平伸手掌，掌心朝下，对穆雷说："不是说你。我是说旁边有一个就是这样发脾气的人。"（字幕：立马认怂。）刘芸₁哈哈笑。彭宇₁："没有，他

不是，｜普雅₁插话："他不敢直接说。"｜，对，大卫，大卫，大卫，我来模仿一下发言嗷。你刚刚已经讲过，你其实特别，特别想讲，但是呢，又不敢对视对面的，他其实是这样的，（彭宇₂模范大卫说话的方式和眼神）。"大家₁哈哈笑。大卫₃也哈哈笑。

上例中，穆雷在交际中喜欢发脾气，引起韩东秀₁，韩冰₁，布莱尔₁，詹姆斯₁，大卫₁，的反感。根据表达方式判断，詹姆斯₁使用体态语反对程度最轻，其次是布莱尔₁，使用了修饰词"有的时候""有点"缓和了否定语气，韩东秀₁和韩冰也用了"有点"来缓和语气，但大卫₁直接表达"让人讨厌"激化了交际冲突。穆雷₁的负面情绪增加，面无表情。大卫₂为了弥补穆雷的面子，表示"不是说你"。但是大家都看出大卫是迫于交际压力做出言不由衷的妥协，主持人彭宇₁,₂立即采取幽默策略，通过模仿行为来制造幽默、轻松的气氛，从而缓解冲突。大家₁和大卫₃使用表意性的笑声来附和彭宇，化解冲突。

　　（171）彭宇："所以芸姐，诶，芸姐，你会因为什么事情发脾气？"刘芸："其实我在结婚之前是一个……"罗密欧补充："发脾气的人。"刘芸："是一个这上面的人，我结婚之前。"大卫："就比如说什么样的事情会让你发，大脾气？"刘芸："就比如说我在讲话的时候，你在插嘴啊。"大卫立刻受伤地后躺。大家起哄鼓掌。吴雨翔干瞪眼。

上例中，刘芸和大卫发生话语冲突后，大卫通过"后躺"的调距调整来委婉表示自己被言语攻击的受伤情绪。大家用"起哄鼓掌"委婉支持刘芸，制造幽默气氛，从缓解交际冲突。

结　　语

一、基本结论

本书基于自建的真实反映多元文化背景下汉语交际全貌的多模态语料库，以来自美国、加拿大、英国、法国、德国、意大利、澳大利亚、伊朗、俄罗斯、泰国、韩国、日本、哥斯达黎加的 14 位高级汉语习得者和多位中国主持人、嘉宾的真实言语交际为研究对象，在跨文化交际理论、会话分析理论与多模态话语分析理论指导下，采用了定量研究和定性研究相结合的方法，对多元文化背景下现代汉语交际冲突进行了实证研究。首先对多元文化背景下汉语交际和汉语交际冲突的相关概念进行了理论阐释，然后从具体的话语语篇分析入手，描写建构了多元文化背景下汉语交际模式、汉语交际冲突产生的过程和冲突类型，并且探讨了多元文化背景下汉语交际冲突的导因及应对策略。

我们得出了以下结论：

第一，考察多元文化背景下的汉语交际是时代命题。在全球化的时代背景下，多元文化共存对现代汉语言语社区带来强大冲击。多元文化背景下汉语交际冲突的实际问题，影响跨文化交际和不同文化的相互理解。因此，迫切需要进行相关研究，为汉语多元文化言语社区的语言生活提供指导。

第二，多元文化背景下汉语交际冲突的主要表现是话语冲突，体现为话语重叠，话语重复，会话修正，有意回避，语码转换五大语篇特征。会话语篇中交际冲突的特征分析，是本书所有研究的抓手。

第三，多元文化背景下汉语交际冲突的导因主要有如下几个方面：(1)价值取向差异；(2)社会规范差异；(3)语言因素；(4)跨文化因素。

第四，多元文化背景下汉语交际模式有：(1)多元文化交际单线模式；(2)多元文化交际双线和多线模式。交际冲突的类型有：(1)常规冲突；(2)失序冲突。常规冲突可以分成：①主导型冲突；②交替型冲突；③复合型冲突。

第五，交际冲突是动态交互中的一个连续体。多元文化背景下汉语交际冲突产生过程包括：潜伏期、萌芽期、激化期、结束期。并非所有的言语交际冲突都经历了上述完整的动态过程。

第六，在多元文化交际背景下，交际者应该把握多元文化背景，从"跨文化"视角进入"文化间性"视角；语言上，注意尊重、适应他文化交际者的语言文化背景，树立"世界汉语"观念；交际上，运用回避策略、妥协策略、说服策略、协调策略来应对交际冲突。

"世界汉语"是和谐包容、求同存异的世界通用汉语，提出这个概念，旨在增加宽容度，以减少多元文化背景下汉语交际冲突，从"差异"走向"融合"，促进汉语更方便地走向世界，提升中国语言文化的影响力。

二、存在的不足和需要进一步探讨的问题

本项研究，主要基于自建的语料库，没有开展问卷调查、访谈等，可能有一定的局限性。我们将在后续研究中改善语料库样本不多、类型不丰富的不足之处。

由于能力有限，笔者在面对一些非英语的外语语料，如意大利语、阿拉伯语、泰语、俄语、西班牙语等，未能进行源语码转写。这也还需要进一步完善。

多元文化背景下汉语交际冲突的有些问题也还有待深入，例如关于冲突的描写框架还需要进一步完善，关于应对冲突的策略研究也还需要深化等。笔者将继续努力。

参 考 文 献

一、学术专著

[1]毕继万. 沉默[A]. 胡文仲，英美文化词典[M]. 北京：外语教学与研究出版社，1995.

[2]毕继万. 跨文化非语言交际[M]. 北京：外语教学与研究出版社，1998.

[3]卜松山. 刘慧儒，张国刚译. 与中国作跨文化对话（Interkultureller Diallog mit China）[M]. 北京：中华书局.（1998/2000）.

[4]曾毓美. 对外汉语语音[M]. 长沙：湖南师范大学出版社，2008.

[5]陈国明. 跨文化交际学[M]. 上海：华东师范大学出版社，2009.

[6]陈向明. 质的研究方法与社会科学研究[M]. 北京：教育科学出版社，2001.

[7]陈新仁. 礼貌理论与外语学习[M]. 北京：外语教学与研究出版社，2013.9

[8]陈雪飞. 跨文化交流论[M]. 北京：时事出版社，2010.

[9]陈原. 社会语言学[M]. 北京：商务印书馆. 2000.

[10][美]戴维迈尔斯. 社会心理学[M]，张智勇，乐国安，侯玉波译，北京：人民邮电出版社，2006.

[11]单波，石义彬. 跨文化传播新论[M]. 武汉：武汉大学出版社，2005.

[12]杜汉生. 中国精神[M]. 武汉：长江文艺出版社，1998.

[13]范蕴华，李杰群. 实用体态语[M]. 北京：北京出版社，1991.

[14]古迪昆斯特（Gudykunst，W. B.）编. 顾力行，翁立平等导读. 跨文化

交际理论建构［M］．上海：上海外语教育出版社，2014．

［15］顾立行，Michael H. Prosser．跨文化视角下的中国人：交际与传播［M］．上海：上海外语教育出版社，2007．

［16］关世杰．跨文化交流学——提高涉外交流能力的学问［M］．北京：北京大学出版社，1995．

［17］韩礼德．语篇和话语的语言学研究［M］．北京：北京大学出版社，2015．

［18］何兆熊．新编语用学概要［M］．上海：上海外语教育出版社，2003．

［19］何自然，冉永平．语用学概论（修订版）［M］．长沙：湖南教育出版社，2006．

［20］何自然，语用学概论［M］．长沙：湖南教育出版社，1982．

［21］何自然．新编语用学概论［M］．北京：北京大学出版社，2009．

［22］洪堡特．论人类语言结构的差异及其对人类精神发展的影响［M］．北京：商务印书馆．1999．

［23］胡文仲．跨文化交际面面观［M］．北京：外语教学与研究出版社，1999．

［24］胡文仲．跨文化交际学概论［M］．北京：外语教学与研究出版社，1999．

［25］胡文仲．跨文化交际学选读［M］．长沙：湖南教育出版社，1990．

［26］胡文仲．英美文化词典［M］．北京：外语教学与研究出版社，1995．

［27］胡壮麟，朱永生，张德禄，李战子．系统功能语言学概论［M］．北京：北京大学出版社，2005．

［28］胡壮麟．语篇的衔接与连贯［M］．上海：上海外语教育出版社，1998．

［29］黄国文．语篇分析的理论与实践［M］．上海：上海外语教育出版社，2001．

［30］黄国文．语篇分析概要［M］．长沙：湖南教育出版社，1988．

［31］贾玉新．跨文化交际：研究与探索［M］．哈尔滨：哈尔滨工业大学出版社，2007．

［32］贾玉新．跨文化交际学［M］．上海：上海外语教育出版社，1997．

［33］贾玉新．文化全球化与跨文化对话：全球视野下的跨文化交际研究［M］．北京：高等教育出版社，2009．

[34]蓝仁哲，廖七一，冯光荣等主编．加拿大百科全书[M]．成都：四川辞书出版社，1998.

[35]李庆本，毕继万，李楠，陈忠．中外文化比较与跨文化交际[M]．北京：北京语言大学出版社，2015.

[36]李学爱．跨文化交流：中西方交往的习俗与语言[M]．天津：天津大学出版社，2007.

[37]李悦娥，范宏亚．话语分析[M]．上海：上海外语教育出版社，2000.

[38][英]理查德·D. 刘易斯．文化的冲突与共融[M]．北京：新华出版社，2002.

[39]梁漱溟．中国文化要义[M]．上海：学林出版社，1987.

[40]林大津，尤泽顺.《跨文化交际学基础》导读[M]．上海：上海外语教育出版社，2007.

[41]林大津．跨文化交际研究：与英美人交往指南[M]．福州．福建人民出版社，1996.

[42]林语堂．中国人（翻译本）[M]．杭州．浙江人民出版社，1988.

[43]刘辰诞．教学篇章语言学[M]．上海：上海外语教育出版社，1999.

[44]刘登阁．全球文化风暴[M]．北京：中国社会科学出版社，2000.

[45]刘娅琼．现代汉语会话中的反问句研究：以否定反问句和特指反问句为例[M]．上海：学林出版社，2014.

[46]陆雄文．管理学大辞典[M]．上海：上海世纪出版股份有限公司上海辞书出版社，2013.

[47]罗康隆．文化适应于文化制衡[M]．北京：民族出版社，2007.

[48]吕叔湘．中国文法要略[M]．北京：商务印书馆．1990.

[49]马勒茨克．跨文化交流：不同文化的人与人之间的交往[M]．北京：北京大学出版社，2001.

[50]庞朴．文化的民族性与时代性[M]．北京：中国和平出版社，1988.

[51]彭凯平，王伊兰．跨文化沟通心理学[M]．北京：北京师范大学出版社，2010.

[52]彭凯平．文化与心理：探索及意义[M]．北京：北京师范大学出版社，2009.

[53]启良．西方文化概论[M]．广州：花城出版社，2000.

[54]钱敏汝．篇章语用学概论[M]．北京：外语教学与研究出版社，2001.

[55]乔健，潘乃谷．中国人的观念与行为[M]．天津：天津人民出版社，1995.

[56]屈承熹．汉语篇章语法[M]．北京：北京语言大学出版社，2007.

[57]汝信主编．社会科学新辞典[M]．重庆：重庆出版社，1988.

[58][美]萨姆瓦．跨文化传播[M]．北京：三联书店．1988.

[59]萨丕尔．语言论[M]．北京：商务印书馆．1985.

[60][美]塞缪尔·亨廷顿．文明的冲突[M]．周琪等译．北京：新华出版社，2002.

[61]沙莲香．中国民族性(二)[M]．北京：中国人民大学出版社，1990.

[62]沙莲香．中国民族性(一)[M]．北京：中国人民大学出版社，1989.

[63]沙莲香．中国社会文化心理[M]．北京：中国社会科学出版社，1998.

[64]申小龙．中国文化语言文学[M]．长春：吉林教育出版社，1990.

[65][英]史密斯等．跨文化社会心理学[M]．北京：人民邮电出版社，2009.

[66]宋书文．管理心理学词典[M]．兰州：甘肃人民出版社，1989.

[67]苏国勋，张旅平，夏光．全球化：文化冲突与共生[M]．北京：社会科学文献出版社，2006.

[68]田丰，肖海鹏，夏辉．文化竞争力研究[M]．北京：中国社会科学出版社，2007.

[69]王福祥，吴汉樱．欧美、俄罗斯、中国语用学[M]．北京：外语教学与研究出版社，2011.

[70]王虹．戏剧文本分析—话语分析的方法[M]．上海：上海外语教育出版社，2006.

[71]王前．中西文化比较概论[M]．北京：中国人民大学出版社，2006.

[72]王治河．后现代主义辞典[M]．北京：中央编译出版社，2005.

[73]韦琴红．视觉环境下的多模态化和多模态话语研究[M]．北京：科学

出版社，2009.

[74] 卫真道，徐赳赳译．篇章语言学［M］．北京：中国社会科学院出版社，2002.

[75] 邬姝丽．跨文化代际语篇系统研究［M］．北京：光明日报出版社，2013.

[76] 吴为善，严慧仙．跨文化交际概论［M］．北京：商务印书馆．2009.

[77] 徐行言．中西文化比较［M］．北京：北京大学出版社，2004.

[78] 徐烈炯，刘丹青．话题的结构与功能［M］．上海：上海教育出版社，1998.

[79] ［美］许倬运．中国文化与世界文化［M］．贵阳：贵州人民出版社，1991.

[80] 薛晓源，曹荣湘．全球化与文化资本［M］．北京：社科文献出版社，2005.

[81] 严明．跨文化交际理论研究［M］．哈尔滨：黑龙江大学出版社，2009.

[82] 严文华．跨文化沟通心理学［M］．上海：上海社会科学出版社，2008.

[83] 耶夫·维索尔伦．语用学诠释［M］．钱冠连，霍永寿译．北京：清华大学出版社，2003.

[84] 俞可平．全球化论丛［M］．北京：中央编译出版社，1998.

[85] ［美］约瑟夫·拉彼德(Yosef Lapid)，［德］弗里德里希·克拉托赫维尔．文化和认同国际关系回归理论［M］．杭州：浙江人民出版社，2003.

[86] 云贵彬．非语言交际与文化［M］．北京：中国传媒大学出版社，2007.

[87] 张德禄．多模态话语分析理论与外语教学［M］．北京：高等教育出版社，2015.

[88] 张佐成等．多模态即席话语研究［M］．北京：中国出版集团．2015.

[89] 章人英．文化冲突与时代选择［M］．上海：上海人民出版社，1987.

[90] 赵世举．语言与国家［M］．北京：商务印书馆．2015.

[91] 赵有田．综合国力竞争与文化冲突［M］．长春：长春出版社，2004.

[92] 周国光．体态语［M］．北京：中央民族大学出版社，1997.

[93] 周荣耀．冷战后的东方与西方［M］．北京：中国社会科学出版社，1997.

[94] 周宪．文学与认同［M］．北京：中华书局．2008.

[95] 周志培，陈运香．文化学与翻译．［M］．上海：华东理工大学出版社，

2013.

[96]朱德熙.语法,修辞与作文[M].上海：上海教育出版社，1984.

[97]朱利斯·法斯特.体态与交际[M]北京：北京语言学院出版社，
1988.

[98]朱晓姝.跨文化成功交际研究[M].北京：对外经贸大学出版社，2007.

[99]朱永生.语言·语篇·语境[M].北京：清华大学出版社，1993.

[100]Brown P, Levinson SC. Politeness：Some Universals in Language Usage
[M]. Cambridge：Cambridge University Press，1989.

[101]Edward Sapir, 陆卓元译.语言论[M].北京：商务印书馆，1985.

[102]Fasold, RalhP W. Sociolinguistics of Languiage [M]. Oxford：
Blackwell，1993.

[103]Halliday M. A. K., Ruqaiya Hasan.语言、语境和语篇：社会符号学
视角下的语言面面观[M].北京：世界图书出版公司，2012.

[104]Helen Oatey.与英美人交往的习俗和语言[M].上海：上海外语教育
出版社，1987.

[105]J. Verschueren J. Understanding Pragmatics [M]. Oxford：Oxford Uni-
versty Press，1999.

[106]Larry A Samovar, Richard E Porter, Lisa A Stefani. Communication Be-
tween Cultures [M]. Third dition. Beijing：Froeign Language Teaching
and Resear Press，2000.

[107]Leech, G. Principles of Pragmatics[M]. London：Longman，1983 .

[108]Leger Brosnahan.毕继万译.中国和英语国家非语言交际对比[M].
北京：北京语言学院出版社，1991.

[109]Levinson, S. C. Pragmatics[M]. Cambridge，1983.

[110]Lorés-Sanz. On RA abstracts：From rhetorical structure to thematic organi-
zation[J]. English for Specific Purpose，2004(23).

[111]Matthiessen. C. M. I. M., & Halliday, M. A. K., Sytemic functional
grammar：A first step into the theory[M]. Beijing：Higher Education

Press，2009.

[112]Sapir, E., Culture, Language and Personality［M］. Berkeley：University of California Press，1970.

[113]Scollon, R. & S. W. Scollon. Intercultural Communication：A Discourse Approach［M］. Beijing：Foreign Language Teaching and Research Press，2000.

[114]Sperber, D. & Wilson, D. Relevance：communication and cognition［M］. Oxford：Blackwell，1986/1995.

[115]Willian. B. Gudykunst. 跨文化与不同文化之间的交际[M]. 上海：上海外语教育出版社，2011.

[116]Wood. J. T. Genedered Lives：Communication, Gender, and Culture ［M］. Belmont. CA：Wadsworth，1994.

二、连续出版物

[1]宝贡敏，汪洁. 人际冲突理论研究评述[J]. 技术经济，2007(11).

[2]邴正. 全球化与文化发展[J]. 哲学研究，1998(12).

[3]曾蕾. 动态多符号语篇的整体意义构建[J]. 外语艺术教育研究，2006 (3).

[4]陈春华. 顺应论和关联论[J]. 四川外国语学院学报，2003(2).

[5]陈晓春. 争论性对话中的连贯［J]. 外国语，2001(4).

[6]成文，田海龙. 多模式话语的社会实践性[J]. 语言学研究，2006(8).

[7]崔希亮. 汉语空间方位场景与论元的凸显[J]. 世界汉语教学，2001 (4).

[8]单波，熊伟. 跨文化传播的语言问题[J]. 国外社会科学，2009(4).

[9]冯广义. 论言语表达者对民族文化心理的适应(上)[J]. 湖北师范学院学报(哲学社会科学版)，1997(5).

[10]冯广义. 论言语表达者对民族文化心理的适应(下)［J］. 湖北师范学院学报(哲学社会科学版)，1998(1).

［11］冯广义．论语境的类别及其特征［J］．湖北师范学院学报(哲学社会科学版)，1999(1)．

［12］高萍．冲突性话语结束方式研究［J］．延边教育学院学报，2007(5)．

［13］龚双萍．冲突性话语回应策略与权势的语用分析［J］．外语学刊，2011(5)．

［14］顾曰国．多媒体、多模态学习剖析［J］．外语电化教学，2007(2)．

［15］关世杰．中国跨文化传播研究十年回顾与反思对外大传播［J］．对外大传播，2006(12)．

［16］何自然，何雪林．模因论与社会语用［J］．现代外语(季刊)，2003(4)．

［17］何自然，冉永平．关联理论——认知语用学基础［J］．现代汉语，1998(3)．

［18］何自然，于国栋．《语用学的理解》Verschuere 的新作评介［J］．现代外语，1999(4)．

［19］洪历建．"国际汉语"：作为"国际性语言"的汉语如何发展［J］．华东师范大学学报(哲学社会科学版)，2014 (6)．

［20］胡文仲．论跨文化交际的实证研究［J］．外语教学与研究，2005(5)．

［21］胡文仲．趋势与特点：跨文化交际研究评述［J］．中国外语，2006(3)．

［22］扈海鹂．全球化与文化整合［J］．哲学研究，2000(1)．

［23］黄国文．语篇分析与系统功能语言学理论的构建［J］．外语与外语教学，2010(5)．

［24］黄均凤．论网络言语交际及其模式的构建［J］．高等函授学报(哲学社会科学版)，2012(6)．

［25］黄衍．话轮替换系统［J］．外语教学与研究，1987(1)．

［26］霍夫斯特德，李秋洪译．四十个国家和地区的价值观［J］．现代外国哲学社会科学文摘，1993(4)．

［27］姜望琪．关联理论中的关联性［J］．南开语言学刊，2002(00)．

［28］匡小荣．汉语口语交谈中的话语重叠现象［J］：暨南大学华文学院学报，2006(2)．

[29]李晋荃. 话题连贯与述题连贯[J]. 语言教学与研究, 1993(1).

[30]李炯英. 中国学生二语学习策略的观念与运用——一项实证研究[J]. 外语教学, 2002(1).

[31]李炯英. 中国跨文化交际学研究20年述评[J]. 解放军外国语学院学报, 2002(6).

[32]李民, 陈新仁, 肖雁. 英语专业学生性格类型与语法、语用能力及其意识程度研究[J]. 外语教学与研究, 2009(2).

[33]李悦娥. 会话中的阻碍修正结构分析[J]. 外国语, 1996(5).

[34]李战子. 多模式话语的社会符号学分析[J]. 外语研究, 2003(5).

[35]廖秋忠. 篇章中的论证结构[J]. 语言教学与研究, 1988(1).

[36]廖秋忠. 现代汉语篇章中的连接成分[J]. 中国语文, 1986(6).

[37]刘大为. 语言知识、语言能力与语文教学[J]. 全球教育展望, 2003(9).

[38]刘云, 李晋霞. 论证语篇的"前景-背景"与汉语复句的使用[J]. 华中师范大学学报(人文社会科学版), 2017(4).

[39]刘云. 试论语篇类型对复句使用的制约[J]. 华中师范大学学报(人文社会科学版), 2019(1).

[40]鲁鹏. 文明、全球化与人的关系[J]. 哲学研究, 2000(1).

[41]陆俭明. 汉语走向世界的一些思考[J]. 上海财经大学学报, 2005(7).

[42]马红艳. 跨文化交际中的沉默行为[J]. 中国石油大学学报(社会科学版), 2013(6).

[43]彭世勇: 国际跨文化交际主流研究中常用的定量数据分析方法[J]. 外语教学, 2005(4).

[44]彭艳虹. 意义沉默的语用解读[J]. 外语与外语教学, 2007(9).

[45]邱春安. 电视新闻访谈节目话语分析[J]. 齐齐哈尔大学学报(哲学社会科学版), 2006(5).

[46]冉永平. 冲突性话语的语用学研究概述[J]. 外语教学, 2010(1).

[47]冉永平. 冲突性话语趋异取向的语用分析[J]. 现代外语, 2010(2).

[48]冉永平. 人际冲突中有意冒犯性话语的语用分析[J]. 上海外国语大

学学报，2011(3).

[49]塞缪尔·亨廷顿(Samuel Huntington).余国良译.文明的冲突[J].二十一世纪，1993(10).

[50]苏新春，郭光明.20世纪中期以来两岸语言政策走势与特点[J].语言文字应用，2018(3).

[51]苏新春.对外汉语词汇大纲与两种教材词汇状况的对比研究[J].语言文字应用，2006(2).

[52]苏新春.探讨汉语的民族文化精神——第二届全国语言与文化学术研讨会述评[J].学术研究，1992(2).

[53]陶红印.口语研究的若干理论和实践问题[J].语言科学，2004(1).

[54]田海龙.话语权力的不平等分析：语用学和社会语言学[J].外语学刊，2006(2).

[55]田静，苏新春.文化互动视野下的"大华语"概念新探——兼谈华语社区词的文化间性[J].新疆社会科学，2018(5).

[56]汪国胜.对汉语国际教育硕士培养相关问题的反思[J].湖北大学学报(哲学社会科学版)，2011(4).

[57]王荟.冲突言语事件中的协商机制分析[J].牡丹江大学学报，2012(9).

[58]王江汉.主体间性视域下话语冲突介入性和谐管理——以江西卫视《金牌调解》为例[J].江西社会科学，2016(1).

[59]王瑾.语码转换的功能及其体现模式——中文报章中英语码转换的功能分析[J].外语与外语教学，2007(7).

[60]王立非，文艳.应用语言学研究的多模态分析方法[J].外语电化教学，2008(5).

[61]王希.多元文化主义的起源、实践与局限性[J].美国研究，2000(2).

[62]王寅.Lakoff & Johnson笔下的认知语言学.外国语，2001(4).

[63]韦琴红.论多模态话语的整体意义构建基于一个多模态媒体语篇的话语分析[J].天津外国语学院学报，2008(6).

［64］魏先鹏 . 中国大学生跨文化冲突管理策略与启示［J］. 对外传播，2017
　　（4）.

［65］吴慧，程邦雄 . 关于汉语国际推广的几点思考［J］. 理论月刊，2013
　　（1）.

［66］肖庚生，程邦雄 . 词汇准备时间对外语视听理解及焦虑的影响［J］.
　　外语教学，2012（6）.

［67］胥国红，曲航 . 多模态话语分析——信息时代的新视角［J］. 山东外
　　语教学，2009（2）.

［68］程乐乐，李向农 . 连接语"我是说"的篇章功能考察［J］. 汉语学报，
　　2012（3）.

［69］程乐乐，李向农 . 论国际汉语教师培训中的教师介入［J］. 中国大学
　　教学，2012（11）.

［70］程乐乐 . 论对外汉语课堂关键教学事件［J］. 云南师范大学学报（对外
　　汉语教学与研究版），2017（6）.

［71］徐杰 . 主语成分、话题特征及相应语言类型［J］. 语言科学，2003（1）.

［72］徐赳赳 . 话语分析二十年［J］. 外语教学与研究，1995（1）.

［73］徐圻 . 冲突中的交融——论当今中国三种文化形态及其关系［J］. 贵
　　州大学学报（社科版），1998（5）.

［74］张德禄 . 多模态话语分析综合理论框架探索［J］. 中国外语，2009（1）.

［75］张国扬，苏新春 . 当代中国汉语人文研究的兴起及其历史原因和发展
　　趋势［J］. 汉字文化，1992（1）.

［76］张延成，孙婉 . 二语习得研究演进可视化分析［J］. 对外汉语教学与
　　研究，2014（00）.

［77］张延成，张园，阮桂君，欧阳晓芳，徐晓霞 . 汉办规划教材《跟我学
　　汉语》应用评析——美国孔子学院汉语教学与推广研究之一［J］. 长江
　　学术，2009（1）.

［78］张咏群 . 试论会话中的重复现象［J］. 语言与翻译（汉文）. 2004（3）.

［79］张园，张延成，阮桂君，欧阳晓芳 . 跨文化语境中的海外汉语拼音教

学——美国孔子学院汉语教学与推广研究之二[J].长江学术,2009(2).

[80]赵世举,Chen Si.全球竞争中的国家语言能力(英文).Social Sciences in China,2016(3).

[81]赵世举,张先亮,俞士汶,朱学锋,耿立波.语言能力与国家实力[J].中国社会科学,2015(3).

[82]赵世举.跨境语言的资源价值[J].语言政策与规划研究,2016(2).

[83]赵世举."一带一路"建设的语言需求及服务对策[J].云南师范大学学报,2015(4).

[84]赵世举.华语的历时流变和共时格局及整体华语观[J].文化软实力研究,2017(6).

[85]赵世举.全球竞争中的国家语言能力[J].中国社会科学,2015(3).

[86]赵世举.与时俱进是语言学科建设发展的必由之路[J].语言战略研究,2018(1).

[87]赵世举.语言在国家安全中的角色和功能[J].云南师范大学学报(哲学社会科学版),2019(2).

[88]赵汀阳.认同与文化自身认同[J].哲学研究,2003(7).

[89]赵英玲,狄艳华.汉语冲突言语事件中的论证话语分析[J].东北大学学报(社会科学版),2009(5).

[90]赵英玲.冲突话语分析[J].外语学刊,2004(5).

[91]赵忠德,张琳.从关联理论看话语冲突[J].外语教学,2005(1).

[92]郑远汉.问对结构[J],语言文字应用,2003(3).

[93]钟静.大学英语课堂重叠话语的类型探析[J].语文学刊·外语教育教学,2009(3).

[94]周杏英,云芳.论跨文化敏感度与冲突处理方式之关系[J].广东外语外贸大学学报,2011(1).

[95]朱永生.多模态话语分析的理论基础与研究方法[J].外语学刊,2007(5).

[96] 朱永生. 话语分析五十年：回顾与展望[J]. 外国语，2003(3).

[97] 左岩. 英语会话中沉默的研究[J]. 国外语言学，1996(2).

[98] Sacks, H. Schegloff, E. A. & Jefferson, G. A. Simplest Systematics for the Organization of Turn-taking for conversation[J]. Language，1974，50 (40).

[99] Schegloff. 2000. Overlapping Talk and the Organization of Turn-taking for Conversation[J]. Language in Society(29).

三、论文集

[1] 苗兴伟. "话语转向"时代的语篇分析[A]. 载黄国文、常晨光、丁建新编. 功能语言学的理论与应用[C]. 北京：高等教育出版社，2005.

[2] 程乐乐，黄均凤. 论教师介入在国际汉语教师培训中的运用[A]. 第一、第二届国际汉语教师培养论坛论文集[C]. 2012.7.

[3] 程乐乐. 冲突、竞争、融合——对外汉语教师获得实践性知识的一种模式[A]. 第13届世界汉语教学国际研讨会论文集[C]. 2019.

[4] 苗兴伟. "话语转向"时代的语篇分析[A]. 载黄国文、常晨光、丁建新编. 功能语言学的理论与应用[C]. 北京：高等教育出版社，2005.

[5] 杨信彰，辛志英. 多模态研究综述[A]. 功能语言学年度评论[C]. 北京：高等教育出版社，2010.

[6] 翟汛，程乐乐. 论汉语预科强化教学模式[A]. 第十一届国际汉语教学研讨会论文集[C]. 2012.8.

[7] 张德禄. 多模态课堂话语的模态配合及语篇和语法[A]. 国际语篇分析研讨会暨第12届国语篇分析研讨会宣读论文[C]. 上海：同济大学，2010.

[8] Yihong Gao. Models of L2 Identity Development Revisited in the Context of Globalization [A]. Identity And Intercultural Communication (I)：Theoretical and Contextual Construction[C]. 上海：上海外语教育出版社，2010.

四、学位论文

［1］欧亚鹏．多元文化语境下的跨文化冲突与对话［D］.哈尔滨工业大学，2012.

［2］汪婷婷．电视脱口秀节目《天天向上》中的话轮转换分析［D］.华中师范大学，2011.

［3］王敏玲．汉语语境下夫妻间冲突话语的语用学研究［D］.太原：山西大学，2006.

［4］尹婧．基于冲突话语范式的汉语辩论语言研究［D］华中师范大学，2010.

［5］赵英玲．汉语冲突话语语用修辞研究［D］.长春：东北师范大学外国语学院，2008.

［6］赵永清．基于语料库的英语多人冲突性话语研究［D］.上海外国语大学，2013.